家庭で作れる

スリランカの
カレーとスパイス料理

香取 薫
Kaoru Katori

河出書房新社

目次

はじめに …… 4
そろえてみよう！ スリランカ料理の食材、ハーブ、スパイス …… 6

 1章　はじめてのスリランカ料理

パリップ　レンズ豆のカレー …… 11
卵のホッダ　卵の汁カレー …… 12
　冬瓜のホッダ …… 13
魚カレー …… 14
なすのモージュ　なすのあえもの …… 16
アラ・バドゥマ　じゃがいものスパイス炒め …… 17
キャベツのマッルン　キャベツのココナッツ炒め …… 18
　ターサイのマッルン …… 18
ポル・サンボーラ　ココナッツのふりかけ …… 19
　ポル・サンボーラのさっと炒め …… 19

 3章　野菜たっぷりのカレーとおかず

かぼちゃカレー …… 36
オールド・シンハラスタイルのかぼちゃカレー …… 36
なすのカレー …… 38
空心菜のテルダーラ　空心菜の炒めもの …… 39
いんげんのキラタ　いんげんのココナッツ煮 …… 40
　ビーツのキラタ …… 41
大根カレー …… 42
カシューナッツのホッダ　カシューナッツの汁カレー …… 43
にがうりのテルダーラ　にがうりの炒めもの …… 44
オクラのテルダーラ　オクラの炒めもの …… 45

 2章　肉と魚介のカレーとおかず

シンプルスタイルのチキンカレー …… 22
オールド・シンハラスタイルのチキンカレー …… 24
ポークカレー …… 26
ビーフカレー …… 28
干し魚のホッダ　干し魚の汁カレー …… 30
えびのテルダーラ　えびの炒めもの …… 31
いかのテルダーラ　いかの炒め煮 …… 32
かにのホッダ　かにの汁カレー …… 33

 4章　スパイスの香り高いサイドディッシュ

魚のアンブルティヤル　魚のゴラカ煮 …… 50
シーニ・サンボーラ　玉ねぎの佃煮風 …… 52
オニオン・サンボーラ　玉ねぎの酸味あえもの …… 52
パイナップル・チャトニ …… 53
ハールマッソー・テルダーラ　ハールマッソーの炒めもの …… 54
ハールマッソー・ウェンジャナ　ハールマッソーの炒め煮 …… 54
パパダム　豆粉のチップス …… 56
　スパイシーパパダム …… 56
桜えびのふりかけ …… 57

5章　カレーに合うご飯とパン

キリバト　ライスのココナッツ煮 …… 60
　ルヌ・ミリス　玉ねぎと唐辛子の激辛ペースト …… 60
スリランカ式スパイシーピラフ …… 62
フライドライス　スリランカ式炒めご飯 …… 63
　湯取り法で炊いたご飯 …… 63
コラ・キャンダ　ココナッツ入り青汁粥 …… 64
ディヤ・バト　ココナッツミルク味の冷たい汁ご飯 …… 65
ロティ　スリランカ式米粉パン …… 66
　ねぎ入りロティ …… 66
ゴーダンバ・ロティ　薄焼き折り込みパン …… 68
　ビッタラ・ロティ　卵入りゴーダンバ・ロティ …… 69
コットゥ・ロティ　ゴーダンバ・ロティのチャーハン風 …… 70

6章　あとひくおいしさ、スナック&スイーツ

カトゥレット　スリランカ式ミニコロッケ …… 72
ロールス　スリランカ式スパイシーコロッケ …… 73
パンケーク　ココナッツ入りパンケーキ …… 74
トフィー …… 75
ヴァタラッパン　ココナッツとヤシみつのプリン …… 76
フルーツサラダ …… 77
ミーキリ　ヨーグルトのヤシみつがけ …… 77

エッセイ

ココナッツの話 …… 20
アーユルヴェーダの話 …… 34
スリランカ食の旅 …… 46
米の話 …… 58
紅茶の話 …… 78

コラム

キリ・ホディとローカルパン …… 13
インド料理との違い …… 23
スリランカの民族、シンハラ人とタミル人 …… 26
豊かな自然と生きものたち …… 28
スリランカの言葉と文字 …… 54
世界遺産とバワの建築 …… 67

本書をお使いになる前に

●大さじ1は15㎖、小さじ1は5㎖、1カップは200㎖を基準としています。
●ハーブやスパイスなどの「1つまみ」は3本の指でつまんだ量、「1つかみ」は5本の指でつまんだ量を目安にしています。

1つまみ

1つかみ

はじめに 香取 薫

キャンディ近くの街道沿いの売店で。ココナッツは生活に欠かせないもの。

光り輝く島

「光り輝く島」を意味するスリランカ。かつてはセイロンと呼ばれていました。

この国は、中央に高い山、周囲に美しい海、そしてルビーやサファイアなど宝石を産出し、多くの世界遺産を有し、大自然とたくさんの動物たちが人間と共存する国です。

22歳のとき、両親には頼らずに初めて自分の意思で訪れた外国がスリランカでした。紅茶が大好きだった私は、紅茶への興味をきっかけにこの国のことを学びはじめました。書物などを通してスリランカの歴史や文化を知るにつれ、かつて大航海時代ののちに欧州諸国がまるで奪い合うようにこの国をほしがったのはなぜか、仏教国といっても日本のそれとはどのように違うのかなどに興味をもち、魅かれていったのです。

実際に訪れてみて、まず感じたのは人々のあたたかさです。また、お寺を訪問しては、そこで祈る人々やおおらかなお顔の仏様に、日本とは違うなにかを感じました。

帰国前、田舎町を通る車窓から見つけたツリーハウスは、なんと象の見張り小屋でした。集落の近隣に生息する野生の象は、たまに民家を襲うこともあるとのことで、村人は交替で木の上で見張り、村に象が近づくと象が嫌がる音をたてて、ジャングルへ追い返すのだそうです。決して人間の一方的な判断で動物を殺すことはなく、だからこそ天然記念物を含めた多様な鳥獣類と、現代でも共存しているのだと知りました。

スパイス料理の叡智

帰国し、猛勉強が始まりました。そして調べるほどに、私の興味は熱帯のスパイスを使った薬膳的な料理（それこそがアーユルヴェーダでした）へとつながり、その翌年23歳のとき、インドでのボランティア・キャンプ参加をきっかけに、インド料理の道に入ったのです。

その後、20年以上にわたってインド料理に関わりながらも、心に留まっていたのはスリランカの、私が初めて触れた料理でした。当時、22歳の味蕾には不幸にも辛すぎたその料理は、自分にとっての大きな「宿題」でした。

まず北インドの料理から研究を始め、やがて南インドへ向かった情熱は、40代になってようやく、まるでふるさとへ還るようにスリランカへと向かいました。そうさせたのはアーユルヴェーダでした。「生命の科学」と訳されるこの古代インドの膨大な知恵は、スパイスを使った料理が、なぜどのように人に作用するのかの答えを、すべて明確にもっていたのです。インドとスリランカの家庭に口伝に残っているこの知恵こそが薬膳であり、スパイス料理に共通の叡知だと知りました。

川で水浴びをする象たち。スリランカ中部ピンナワラの象の孤児園で。

ヤシの木と豊かな水をたたえた田んぼが広がる、ダンブッラ近郊の田園風景。

鰹節の味

インド料理を仕事とし40代後半になった私には、「辛さ」の意味や両国の食文化の違いが見えてきました。インドの食文化はたしかに素晴らしいけれど、宗教の規制により菜食人口が多いのに対して、スリランカはテーラワーダという最古の仏教宗派の教えにより、必要とされる海の幸などは感謝して食します（仏教徒の菜食日は暦で決まっています）。

その好例がモルディブフィッシュ。この鰹節によるダシが味のベースになっているということに表れていました。インドにはなかったイノシン酸の旨味というファクターは、日本人である私の興味を強烈に引きつけました。世界中で鰹節を使うたった二つの国、スリランカと日本。味覚にはこのような共通の郷愁があったのです。もちろん主食が米であることも重要な要素だったといえるでしょう。

いても立ってもいられずスリランカへ料理修業に出かけた私を待っていたのは、鰹節がつなぐ味覚だけではなく、今まで研究してきた南インド料理との多くのとても興味深い共通点。そして22歳の私が見たときと同じ、村の「象の見張り小屋」の光景でした。そのときの感動を私は一生忘れることがないでしょう。

セレンディピティに導かれて

スリランカは、紀元前に北インドから移住した多数派のシンハラ人と、南インドから来たタミル人との間で内戦が続いていましたが、偶然にも、私が料理修業から戻った半年後に、25年に及んだ内戦は完全終結しました。やっとやってきた平和はスリランカの人々がほんとうに待ち焦がれてきたものです。

スリランカには古くはアラビア語でSerendipという呼び名がありました。「セレンディップの三人の王子」という童話があります。王の命により旅に出たスリランカの三人の王子たちが、難問に直面するたびに、偶然の出合いやアイデアや勇気で切り抜けるというお話。この童話から、偶然と才気によって予期しない幸運に出合う能力のことをセレンディピティ（serendipity）と言います。

今年はスリランカとの国交樹立60周年。この記念すべき年に、日本初となるスリランカ料理レシピ本の出版の機会を得たことは何より光栄ですし、セレンディピティに導かれたような幸運です。

今までご縁があってスパイス料理に関わってきました。20年間インド料理を日本で教え、何が日本の生活に役立つか、現地の味の再現には何が大切か、わかってきました。微力ではありますが精一杯、素晴らしいスリランカのお料理を伝えるお手伝いをしたいと思います。スリランカのお母さんたちと同じ味をこの本によってご家庭で再現し、そして心のこもったお料理によって「幸運を摑み取る能力」に出合うような、そんな幸せな時間をもっていただければと願っております。

そろえてみよう！
スリランカ料理の食材、ハーブ、スパイス

薬効のあるハーブやスパイスをはじめ、日本の鰹節に似たモルディブフィッシュやココナッツミルクなど、南国ならではの食材を用いるスリランカ料理。手に入りにくいものもあるので本書では代用となる食材もあげていますが、本格的に作りたい方はなるべく材料をそろえて作ってみてください。
（ここで紹介した食材の購入先は巻末参照）

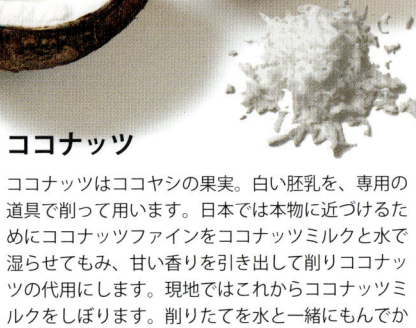

ココナッツ
ココナッツはココヤシの果実。白い胚乳を、専用の道具で削って用います。日本では本物に近づけるためにココナッツファインをココナッツミルクと水で湿らせてもみ、甘い香りを引き出して削りココナッツの代用にします。現地ではこれからココナッツミルクをしぼります。削りたてを水と一緒にもんでから漉して一番しぼりをとり、しぼりかすで同様に薄い二番しぼりをとり、料理によって使い分けています。

ココナッツミルク（缶）
開缶前によく振って。冬は分離し固まるのでなめらかに混ぜてから使ってください。タイ産のものが多く輸入されているのでそれでかまいません。紙パックのものも見かけます。濃くとろりとしたタイプのものをお求めください。

ココナッツファイン
乾燥させた削りココナッツで、シャリシャリした細かいもの。ココナッツパウダー、ココナッツダイスなどの表記も見られますが同じものです。生が手に入りにくい日本ではたいへん便利。製菓材料売り場やエスニック食材店で購入できます。

ココナッツミルク（パウダー）
ココナッツミルクを濃縮した微粉末。多く出回っているタイ産のものでかまいません。ココナッツミルクを少量使うときは、このパウダーをお湯で溶いて用いると便利です。この本では、ココナッツミルクは缶を使う場合とパウダーを使う場合の両方の分量を併記しました。

キトゥル・パニ
クジャクヤシ（キトゥル）のみつです。トロリと甘いこのみつは量産できない高級品。エスニック食材店で見かけたらぜひストックしてください。代用は加熱するときは黒みつ、非加熱のときははちみつを使ってください。

ココナッツオイル
サラダ油で代用としましたが、現地では100％ココナッツオイルです。サラダ油と半々かブレンドしても。日本では冬は凝固します。溶かして広口瓶に移し、スプーンなどですくって使用を。熱すると白い煙がたくさん出るのが特徴です。

ココナッツビネガー
ヤシみつの酒からできる風味のある酢。単に料理に酸味を足すだけではなく、これを使った料理は日持ちもよくなるので、熱帯では大切な役割を果たします。白ワインビネガーで代用しますが、やはり本物は独特の香り。

ジャガリ
ヤシまたはサトウキビから作る粗製砂糖。シンハラ語では「ハクル」。お椀形のタイプはココナッツの殻で固めた北部のもの。食べやすく割って、苦い薬草粥や治療用薬酒に添えたり、ストレートティーを飲みながらかじったりもします。

カレーリーフ

シンハラ語でカラピンチャ、和名は南洋山椒。スリランカ料理の香りにもっとも重要です。鉢植えも手に入ります。ドライもあり、生の葉は冷凍もできます。凍ったまま使用し、食事のときは食べても残してもかまいません。

ゴトゥコラ

日本の野草でもあるツボクサ（インドではブラーフミー）。脳によいとされ、若返りの効果もあると言われる、アーユルヴェーダでは重要なハーブ。よく似た植物が多いので、根元の株分かれの部分の小さな花と種で見分けます。

ランペ（パンダンリーフ）

和名はニオイアダン。パンダンリーフの名でタイ食材にも。食べる際には除きます。カレーリーフとともに重要なハーブ。ドライもあり、生なら刻まずに長いまま使っても。冷凍もでき、その場合は凍ったまま使用。

モルディブフィッシュ

ウンバラカダと呼ばれる鰹節です。ほとんどがモルディブ産。日本の鰹節と違ってかびづけ工程がないので早くでき、臼で突いてつぶせる固さです。値段が高いので大切に使われる食材で、料理に深い旨味を出してくれます。

ハールマッソー

小魚をゴラカと塩につけて干した乾物で、塩分の強い煮干しのようなもの。サイズは4〜6センチ、頭とわたを取り除いて使います。日本では手に入りにくいので、煮干し、田作りで代用しますが、じゃこもよいと思います。

モルディブフィッシュの代用は鰹節で

砕いたモルディブフィッシュの食感に似せるため、日本では厚削りの鰹節を刻むのがベスト。薄く削られた花かつおではなく、だし用の厚く削られたもので。さばなどではなく必ずかつおを購入してください。

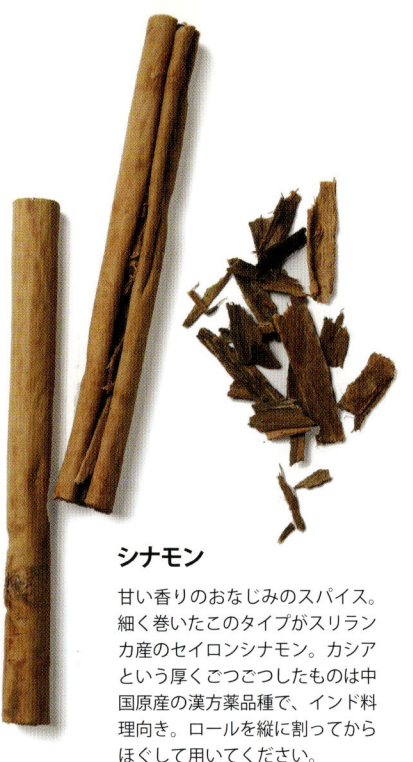

ペースト

ゴラカ

酸味の強い果実を干したもの。いぶしたような強い独特の香りがあり、とても重要なアクセントになります。酸が強いのでアルミ鍋を避け、土鍋で調理されます。ステンレスやホーローは可。防腐効果も強いです。

シナモン

甘い香りのおなじみのスパイス。細く巻いたこのタイプがスリランカ産のセイロンシナモン。カシアという厚くごつごつしたものは中国原産の漢方薬品種で、インド料理向き。ロールを縦に割ってからほぐして用いてください。

ペースト

タマリンド

熱帯アジア全域で酸味づけに使うマメ科の植物の実。黒く酸味の強いものと薄茶色でやわらかく甘味の強いものがあり、前者を使います。殻を取った圧縮ブロックは冷蔵庫で1年保存可能。ゴラカ同様アルミ鍋での調理は不可。

マスタードシード

からしの種。水とともに石臼ですりつぶしペーストにして使いますが、スリランカではマスタードクリームという瓶詰めで市販されています。日本ではソーセージ用粒マスタードペーストで代用。酸味は強くなりますが、本書ではレシピで調整しています。

粒マスタードペースト

トゥナパハ

スリランカのミックススパイス。野菜や豆には挽いたままのものを使い、肉や魚には、黒っぽくなるまで煎ったローストトゥナパハを使います。

代用●ガラムマサラとコリアンダーを1対1で混ぜ合わせたもので代用できます。もっと手軽にはカレー粉でも。また、ブレンドずみの市販品も出ています（購入先は巻末）。

トゥナパハ

ローストトゥナパハ

トゥナパハの9つの材料（下の写真の分量はレシピと異なります）

フェンネルシード／カレーリーフ／カルダモン／ランペ／コリアンダーシード／マスタードシード／クローブ／シナモン／クミンシード

[材料]
コリアンダーシード大さじ4、クミンシード大さじ2、マスタードシード小さじ2、フェンネルシード小さじ1強、ランペ（刻んだもの）大さじ1½、カレーリーフ10枚、シナモンスティック（ほぐす）2cm、カルダモン（割ってさやごと）5個、クローブ7個

[作り方]
カレーリーフとランペのみ、乾くまで軽くから煎りしてからすべての材料を合わせてパウダーに挽く。ローストトゥナパハの場合は、フライパンでから煎りし、煙が出てこんがりとした色になったらでき上がり。

本書で使う主なスパイス

コリアンダー
苦味とさわやかな風味があり、肉の臭み消しや、とろみを出すために使います。消化促進に効果的。独特のクセのある葉もハーブとして使われ、日本でも香菜の名で親しまれています。

クローブ
花のつぼみを干したスパイス。日本名は丁子。独特の強い香りは肉の臭み消しだけでなく、甘いお菓子や料理の香りづけにも使われます。防腐力もあります。

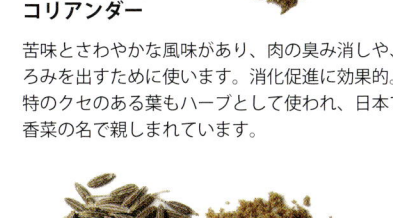

クミン
特有の香りとほろ苦さがあり、トゥナパハの重要なスパイスの一つ。消化器官を刺激して食欲を増進させる働きがあります。シードのまま用いるときは、最初に油で炒めて香りを引き出します。

フェヌグリーク
マメ科の植物の種子。メープルに似た甘い香りと快い苦味があります。種子のままスタータースパイスとして使うときは、弱めの火でじっくりと油に香りを移します。

ナツメグ
ニクズクの木の種子から採れるスパイス。ホールのものはおろし金などで少量ずつ削ってパウダーにして使います。肉料理の臭み消しのほか、お菓子や飲みものの香りづけに用いられます。

ブラックペッパー
果実が未熟のうちに収穫して乾燥させたもの。香りと辛味が強く、どんな素材にも合うスパイスで、体を温める効果があります。スリランカでは通常ホワイトペッパーではなく、こちらを使います。

カルダモン
甘く高貴な香りは「スパイスの女王」ともいわれるほど。食後の臭い消しや消化にもよいといわれています。さやを割り種だけ砕いて使う場合や、さやごとほぐして使う場合などがあります。

ターメリック
日本名はウコン。色づけのほか、スパイス全体の仲介役をしてくれます。抗菌作用があり、肝臓や胃の働きを助けます。しっかり火を通さないと嫌な苦味が残るので、注意してください。

フェンネル
さわやかな甘い香りがあり、葉もハーブとして使います。口臭を消し、消化を助ける作用があり、インド料理店で食後の口直しに出てくるスパイスとしても知られています。

赤唐辛子
辛味づけのスパイスとしてもっともポピュラー。発汗作用があり、夏はおいしいと感じる辛さまで、冬は控えめに、季節によって加減します。料理によって、丸ごと、粗挽き、パウダーを使い分けます。

1

はじめてのスリランカ料理

この章では、スリランカの代表的な献立を紹介します。スリランカでは昼食や夕食には数種のカレーが用意され、ほかにマッルン(炒めもの)やサンボーラ(あえもの)などの副菜が添えられます。ご飯の上にそれらを次々にのせて手で混ぜながらいただくのがスリランカ流。はじめにホッダ(汁カレー)などをかけ、それから味のアクセントとなる副菜を2種3種と混ぜていきます。最後にはすべてを混ぜ合わせて味のハーモニーを楽しむのです。単品で味わったときとは違う複雑なおいしさが生まれるので、ぜひお試しください。

パリップ
レンズ豆のカレー

パリップはシンハラ語で豆という意味。スリランカではオレンジ色の皮むきレンズ豆を使います。古くは緑豆も使いましたが、皮つきは煮るのに時間もかかり、インドの影響でレンズ豆が多用されるようになりました。これは絶品のパリップを作るアンマ（お母さん）に出会い習ったレシピで、豆を味よくホクホクに仕上げる秘密は、いったん吸水させてざるに上げることと、極力混ぜずに煮ることです。

材料（4人分）
- レンズ豆（皮なし）…… 2/3カップ
- 玉ねぎ …… 1/4個（約50g）
- にんにく …… 1/2片
- 青唐辛子 …… 1/2本
- カレーリーフ* …… 2つまみ
- モルディブフィッシュ（または鰹節の厚削りを刻んだもの）…… 小さじ1
- 粒マスタードペースト …… 小さじ2/3
- シナモンスティック（ほぐす）…… 1つまみ
- 赤唐辛子（パウダー）…… 小さじ1/4
- ターメリック …… 小さじ1/3
- 水 …… 300mℓ
- A
  - ココナッツミルク（缶）…… 150mℓ（またはパウダー大さじ6を湯120mℓで溶く）
  - 水 …… 300mℓ
  - レモン汁 …… 小さじ2
  - 塩 …… 小さじ2/3

＊カレーリーフは入手がむずかしければ入れなくても可。

油は使わず、レンズ豆、玉ねぎ、スパイス類などを入れ、混ぜずに火にかける。

左ページの料理
- なすのモージュ
- キャベツのマッルン
- 魚カレー
- ポル・サンボーラ
- 卵のホッダ
- パパダム
- アラ・パドゥマ
- パリップ

作り方

1 レンズ豆は洗ってから水に3分ほど浸し、ざるに上げる。

2 玉ねぎは横に2等分し、縦に2～3mm幅に切る。にんにくは半分に切ってからつぶす。青唐辛子は、斜めに薄切りにする。

3 鍋にA以外の材料をすべて入れ、混ぜずに火にかける。煮立ったら、全体をくずすようにそっと混ぜる。

4 水分が少なくなり、豆がやわらかくなったら、混ぜ合わせたAを加える。弱火でさらに10分ほど煮る。とろりとしてきたら、でき上がり。

卵のホッダ
卵の汁カレー

ホッダというのは汁気のあるカレー料理。汁そのものはホディと言います。ですから具の入らない汁だけのシンプルなものはキリ（ココナッツミルク）・ホディと呼ばれます。ゆで卵のほかに、ゆでた冬瓜を入れたり、オムレツを入れるのもおすすめです。ライスにホディをかけてさらに副菜などを混ぜて食べるとおいしいですが、忙しい朝はキリ・ホディと市販のパンという組み合わせも現地ではよく見かけます。

材料（4人分）
キリ・ホディ
- A
  - 粒マスタードペースト……小さじ1強
  - ゴラカ*（刻む）……3片
  - 黒こしょう（パウダー）……小さじ2/3
  - トゥナパハ（p8参照）……小さじ1
  - ターメリック……小さじ1/2
  - モルディブフィッシュ（または鰹節の厚削りを刻んだもの）……小さじ2
- 塩……小さじ1 1/2
- B
  - ココナッツミルク（缶）……50mℓ
  - （またはパウダー大さじ2を湯大さじ3で溶く）
  - 水……350mℓ
- C
  - ココナッツミルク（缶）……150mℓ
  - （またはパウダー大さじ6を湯120mℓで溶く）
  - 水……170mℓ
- ゆで卵……4個

＊ゴラカの入手がむずかしければ、代用として仕上げにレモン汁小さじ1 1/2を足す。

作り方
1 プレーンなキリ・ホディを作る。鍋にAと、混ぜ合わせたBを入れ、全体をよく混ぜて火にかける。ときどき混ぜながら約5分煮る。
2 混ぜ合わせたCを加え、よく混ぜて、煮立ったら火を止める。
3 ゆで卵を半分に切って器に盛り、2を注ぐ。

冬瓜のホッダ

作り方
冬瓜300gは1.5cm角に切り、やわらかくゆでる。卵のホッダの作り方1にゆでた冬瓜を加え、2まで同様に作ればでき上がり。

鍋に調味料とスパイスを入れ、ここに水で溶いたココナッツミルクを加えて煮ていく。

キリ・ホディとローカルパン

スリランカではよくライス以外に食パンを添えてカレーを食べます。なかでも具を入れないキリ・ホディはあっという間にできるメニュー。町のパン屋さんで買ってきたパンを切って、はい、召し上がれ！ ホディに浸しながら食べると、トーストしないやわらかなパンに甘味や酸味の混ざった汁がしっとり染み込んで、とても食べやすい朝食になります。そのほか写真のようにココナッツを削ったものやゆでた豆を添えたり、辛味好きな方はルヌ・ミリス（p61参照）などもあるとさらに現地の味が楽しめます。

1 はじめてのスリランカ料理

魚カレー

現代のシンハラのスタイルです。スリランカでは魚をカレーにするときは皮をきれいにはぎ取ることが多く、滑らないようにかまどの灰をまぶして作業をします。身がくずれやすいのでそっと混ぜながら煮てください。本来はゴラカの酸味を使いますが、手に入らないときは日本の梅干しで代用するのもよいかと思います。ご飯やパンなどどのような主食にも合います。

材料（4人分）

- 魚の切り身（さわら、すずき、たい、たちうお、まながつおなど）…… 4切れ
- 玉ねぎ …… 1/3個（約60g）
- トマト …… 小1個
- しし唐 …… 2個
- A
  - トゥナパハ（p8参照）…… 小さじ2 1/2
  - 赤唐辛子（パウダー）…… 小さじ2/3
  - ターメリック …… 小さじ1/3
- B
  - ランペ*（5cm長さ）…… 3枚
  - 黒こしょう（パウダー）…… 小さじ1/4
  - 塩 …… 小さじ1
- C
  - にんにく（すりおろす）…… 2片
  - しょうが（すりおろす）…… 1/2かけ
  - カルダモン（割ってさやごと）…… 3個
  - シナモンスティック（ほぐす）…… 1つまみ
- ココナッツオイル（またはサラダ油）…… 大さじ2 2/3
- サラダ油 …… 大さじ1 1/3
- ゴラカ*（刻む）…… 3片
- D
  - ココナッツミルク（缶）…… 20ml
    （またはパウダー小さじ2を湯大さじ1で溶く）
  - 水 …… 100ml
- E
  - ココナッツミルク（缶）…… 50ml
    （またはパウダー大さじ2を湯大さじ3で溶く）
  - 水 …… 50ml

＊ランペは入手がむずかしければ入れなくても可。
＊ゴラカの入手がむずかしければ、タマリンドペースト（タマリンド20gを水50mlにつけ、手でもみ出してざるで漉したもの。p25参照）、または梅肉小さじ2で代用する。

ニゴンボの家庭で。手前が魚カレー。

作り方

1 Aをフライパンでから煎りする。煙が出てこんがりとした色になったら、皿に取り出す。

2 魚は皮をはぎ、1とBをまぶす。玉ねぎは横に2等分し、縦に2〜3mm幅に切る。トマトはざく切りにし、しし唐は3等分に切る。

3 鍋にココナッツオイルとサラダ油を合わせて熱し、Cを炒める。香りが出たら、玉ねぎを加え、玉ねぎが色づくまで炒める。

4 3に2の魚とゴラカを加えて炒める。

5 混ぜ合わせたDを加え、煮立ったら弱火にして魚をくずさないように約15分煮る。途中で水分がなくなったら、少し水を足してもよい。

6 2のトマトとしし唐、混ぜ合わせたEを加え、ひと煮立ちしたらでき上がり。

なすのモージュ
なすのあえもの

モージュは、いったん油で揚げたものをあえるごちそう料理。揚げることと酢を染み込ませることで、なんと1週間も日持ちするので、ダーネという法要のときなどにはおなじみのメニューです。ヤシみつからできるココナッツビネガーが手に入ったら、最高のおいしさです。白ワインビネガーで代用してもかなり近い味が再現できます。その場合は仕上げにレモン汁を足してください。白いライスに合う料理です。

材料（4人分）
長なす …… 5〜6本（約500g）
玉ねぎ …… 2/3個（約130g）
カレーリーフ* …… 1つかみ
ランペ*（5mm幅）…… 2つまみ
青唐辛子 …… 1本

A
- ココナッツミルク（缶）…… 50ml
  （またはパウダー大さじ2を湯大さじ3で溶く）
- 水 …… 50ml
- ココナッツビネガー（または白ワインビネガー）…… 25ml
- モルディブフィッシュ（または鰹節の厚削りを刻んだもの）…… 小さじ2
- トゥナパハ（p8参照）…… 小さじ1 1/2
- 粒マスタードペースト …… 小さじ 2/3
- ターメリック …… 小さじ1/2
- 赤唐辛子（パウダー）…… 小さじ1/2
- 塩 …… 小さじ1弱
- 砂糖 …… 小さじ1 1/3

揚げ油 …… 適量

＊カレーリーフとランペは入手がむずかしければ入れなくても可。
＊白ワインビネガーで代用した場合は仕上げにレモン汁大さじ1を足す。

作り方
1 なすは太さ1cm、長さ6cmの拍子木切りにし、玉ねぎは横に薄切りにし、ともに素揚げにする。
2 ボウルに1、カレーリーフ、ランペ、小口切りにした青唐辛子を入れて、混ぜる。
3 Aのココナッツミルクと水を合わせる。鍋にAの材料をすべて入れ、火にかける。煮立ったら火を止め、2を加えて混ぜ合わせる。

スパイス類やココナッツミルクを合わせて煮立てたところに、揚げたなすと玉ねぎ、ハーブ類を合わせたものを加えてあえる。

アラ・バドゥマ じゃがいものスパイス炒め

ターメリックは生だと苦味が残るため、量を少なめにします。じゃがいもは冷まさずに熱々を用意し、短時間で炒め合わせるのがコツ。ホクホクの男爵よりも、形のしっかり残るメークイーンが向いています。唐辛子はパウダーではなく種ごと刻んで。

材料（4人分）
じゃがいも ⋯⋯ 500g

A
- ターメリック ⋯⋯ 小さじ1/3
- 塩 ⋯⋯ 小さじ2/3
- モルディブフィッシュ（または鰹節の厚削りを刻んだもの）⋯⋯ 小さじ1 1/2
- 赤唐辛子（種ごと粗く刻む）⋯⋯ 小さじ1/2
- レモン汁 ⋯⋯ 小さじ1強

B
- 玉ねぎ ⋯⋯ 1/3個（約70g）
- 青唐辛子 ⋯⋯ 1/2本
- カレーリーフ* ⋯⋯ 1つかみ
- ランペ*（5mm幅）⋯⋯ 1つまみ
- シナモンスティック（ほぐす）⋯⋯ 2つまみ

にんにく ⋯⋯ 1片
ココナッツオイル（またはサラダ油）⋯⋯ 大さじ2/3
サラダ油 ⋯⋯ 大さじ1/2

＊カレーリーフとランペは入手がむずかしければ入れなくても可。

炒める前に、ゆでたじゃがいもにスパイスや調味料をまぶして、なじませておく。

作り方
1 じゃがいもは、丸ごとゆでて皮をむき、2cm角に切る。**A**を上から順にまぶす。

2 玉ねぎは横に2等分し、縦に2〜3mm幅に切る。青唐辛子は斜めに薄切りにし、にんにくはごく細かいみじん切りにする。

3 鍋にココナッツオイルとサラダ油を熱し、あまり熱くならないうちににんにくを入れて弱火でゆっくり火を通す。にんにくが色づいたら**B**を加え、2〜3分炒める。

4 **1**を加えてさっと炒める。

1　はじめてのスリランカ料理

キャベツのマッルン
キャベツのココナッツ炒め

マッルンは「しんなり」とでも訳すべきでしょうか。生ではなく火を通しますが、素材から水が出てくる前に火を止めてさっと調理します。しっかりした素材が合うので、キャベツの場合は緑色の外葉が向いています。ほかにおすすめの野菜は、ターサイやカキナなど。白いライスにとても合うので、献立のアクセントになる日本人好みのおかずです。

削りたてのココナッツに近づけるために、ココナッツファインは、ココナッツミルクと水をなじませて用いる。手でよくもんでおくとさらに香りが出る。

材料（4人分）
キャベツ（緑の濃い外葉）……10枚（約250g）

A
- ココナッツファイン……⅓カップ
- ココナッツミルク（缶）……大さじ1½
  （またはパウダー小さじ2½を湯大さじ2で溶く）
- 水……大さじ1½

B
- 玉ねぎ……小¼個（約40g）
- ターメリック……小さじ½弱
- 塩……小さじ⅔

ココナッツオイル（またはサラダ油）……小さじ2

作り方

1 Aを手でよくもみながら混ぜて、15分ほどおく。

2 キャベツはせん切りにし、玉ねぎは横に2等分し、縦に2〜3mm幅に切る。

3 鍋にココナッツオイルを熱し、1を入れて30秒炒めたら、すぐにBを加え、よく炒める。玉ねぎがしんなりして甘味が出てきたら、キャベツを加え、さっと炒める。

ターサイのマッルン
作り方
キャベツの代わりに、ターサイ約250gを5mm幅に切り、同様に作る。

ポル・サンボーラ ココナッツのふりかけ

ポルはココナッツ、サンボーラは混ぜた料理のこと。臼やミルを使い、固いモルディブフィッシュなども一緒に砕いて混ぜて「突いて」作ります。これさえあれば食事ができるというポピュラーな一品で、本来はコッチという激辛唐辛子でとても辛く作ります。最近は仕上げに油でさっと炒めるタイプも流行。

材料（4人分）

- ココナッツファイン …… ¾カップ
- ココナッツミルク（缶）…… 50㎖
  （またはパウダー大さじ2を湯大さじ3で溶く）
- にんにく …… ½片
- 青唐辛子 …… ½〜1本
- モルディブフィッシュ（または鰹節の厚削りを刻んだもの）…… 小さじ2
- A
  - 玉ねぎ …… 小¼個（約40g）
  - カレーリーフ* …… 2つまみ
  - 黒こしょう（パウダー）…… 小さじ⅓
  - 赤唐辛子（パウダー）…… 小さじ½
  - パプリカパウダー …… 小さじ½
  - 塩 …… 小さじ⅔
- レモン汁 …… 小さじ2

＊カレーリーフは入手がむずかしければ入れなくても可。

作り方

1 ココナッツファインを焦がさないようにさっとから煎りし、熱いうちにココナッツミルクを混ぜてふやかし、手でよくもんで香りを出す。

2 青唐辛子は小口切りにし、玉ねぎは横に2等分し、縦に2〜3㎜幅に切る。

3 すり鉢に、にんにくと青唐辛子を入れてすりつぶし、モルディブフィッシュを加えてさらにつぶす。**1**と**A**の材料をすべて加え、すりつぶす。

4 最後にレモン汁を加えて、味を調える。

すり鉢で材料をすり合わせる。写真は、モルディブフィッシュをつぶすための鋳物のすり鉢。

ポル・サンボーラのさっと炒め

作り方

鍋にココナッツオイル（またはサラダ油）小さじ2を熱し、ポル・サンボーラをさっと炒める。

ココナッツの話

✳ 暮らしに欠かせない実

　ココナッツは、ココヤシ（シンハラ語でポル）というヤシ科の植物の実です。ヤシ科には約2600種がありますが、なかでもココヤシは、料理をはじめとしてもっとも利用価値の高い、ヤシ科の代表格といえます。

　スリランカでも、ココナッツはなくてはならないもの。ココナッツから得られるすべてのものが生活に深く関わっています。ココナッツなしの料理は考えられませんし、また食べるだけでなく、皮からは丈夫な繊維がとれ、ロープになりマットになり、堆肥にもなります。

　スリランカでは、タンビリというジュース用のココナッツがあちこちで売られています。キングココナッツともいわれるこの実の果汁は、ぜひ飲んでもらいたいもの。上部を落としてストローを差し込んで飲むと、そのジュースの量にびっくりすることでしょう。飲み終えてナタで割ると、中からは胚乳が現れます。やわらかくトロッとしていて、そのまますくって食べると、それはもう最高の南国の味。

✳ 一日の始まりはココナッツ削りから

　料理に使うココナッツは、固い外殻に槍状の専用の道具を刺してぐいっと割ると、メリメリと裂けて中から見るからに繊維質で毛むくじゃらの殻が出てきます。それをまたナタで半分に割ると、内側には白い胚乳が。料理用の実は若い実と比べると、より水分が少なくなって胚乳部分が厚く育ち、固さも削るのにちょうどよくなっているはずです。お店にはこの状態のものが、外側の固い皮を剝がされ毛むくじゃらの姿で売られています。いったんこの状態にしてしまうと、なるべく早めに使用する必要があります。

　そして料理は、それを割るところから始まります。手のひらで支え持ち、ナタのミネで中央を勢いよくたたくとスパッと半分に。割って現れた胚乳をココナッツ削り器でシャリシャリと削るのが、スリランカのお母さんたちの一日の始まりです。もっともこの音は、座って削る削り器だと「カッカッカ」と聞こえ、ココナッツ削りをすることを「カーカーする」と表現するとか。私はこの音を聞くと、子どもの頃に実家の母が鰹節を削っていた音と重なり、じんわりうれしくなるのです。

✳ ココナッツミルクは味の決め手

　さて、削られたココナッツをボウルに入れ、水を少々足してギュギュッともみ込んでからしぼると、甘い香りとともに真っ白な濃い「一番しぼ

左／オレンジ色のジュース用ココナッツ、タンビリ。
右／ニゴンボの市場で。ほのかに甘いココナッツの果汁は、渇いたのどを潤すのに最適。飲み終わると、中の胚乳を食べるために割ってくれる。

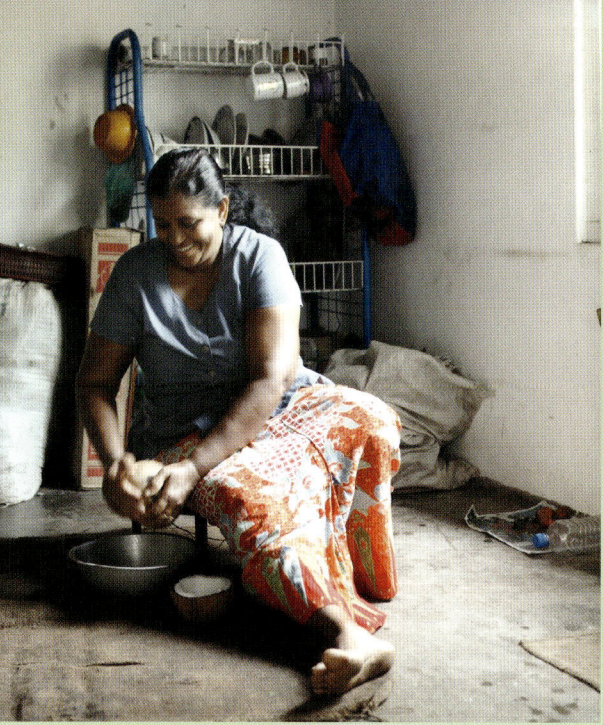

左／海沿いの街ニゴンボの漁師の家庭で。腰かけて使う削り器で手際よくココナッツを削っていく。
上／ダンブッラの家庭で。こちらは、テーブルに設置して、ハンドルを回すタイプの削り器を使用。
右／削りたてのココナッツに水を加えてしぼり、ココナッツミルクをとる。

り」のココナッツミルクがとれます。そしてしぼりかすはまた集められて、もう一回水を足してまたもんでしぼると、今度は「二番しぼり」になります。この薄い汁は、野菜を煮たり肉を煮たりに使い、料理の味の決め手には濃い一番しぼりが使われます。

ココナッツミルクを日本で使うには、缶詰かパウダー状のものになります。パウダーは、必要量を溶いて使えばよいという利点があります。缶のものは、使い切れなかった分が余ってしまうのが欠点。小さなサイズの缶も出ていますので探してみてください。缶のココナッツミルクは気温などにより分離します。使うときは缶の隅まで確認しながらよく混ぜてください。これを水で希釈すると現地のものに近くなります。

本書では、缶とパウダーの2種類のココナッツミルクの使用量を併記しました。お好みのほうを選択してください。

✳ ヤシからは砂糖やお酒も

ヤシからとれるお砂糖の話もしましょう。ヤシ由来の粗製糖をジャガリ（シンハラ語ではハクル）と言います。キトゥルヤシ（クジャクヤシ）の花序の先を切り、出る液を集めたものが一番高級なキトゥル・ジャガリ。発酵させないように採取したものはキトゥル・パニ（キトゥルのみつ）と呼ばれ、ミーキリ（ヨーグルト）にかけるのが代表的な食べ方です。固形化させた黒糖に似たものをコラ・キャンダ（青汁粥）に添えてかじるのもおいしいもの。キトゥル・ジャガリは糖尿病の方も摂ることができます。

キトゥルヤシの木は、その固さと縦の繊維のたいへん強い性質を利用して、葉の芯は釣り竿に、木の幹はモールガハと呼ばれる長い杵になります。ちなみにキトゥルの葉は象の大好物。

ココヤシやパルミラヤシ（サトウヤシ）からもキトゥルヤシ同様にジャガリが作られます。でも、やはり値段も希少性も甘さも、キトゥルの糖には及びません。いずれも採取した液はそのあとどんどんトディーという酒に発酵していきますが、糖にする場合と酒にする場合は採取時から処理方法が違うようです。トディーを蒸留するとアラックという酒になり、さらに発酵するとココナッツビネガーという酢になります。

「名も知らぬ遠き島より」やってきたヤシ。歌にあるように、海辺で波にさらわれたヤシたちが日本までも流れてやってきたのですね。海の彼方のココナッツがこうして、今は手軽に私たちの台所で料理の素材になります。感謝しておいしいお料理を作りたいものです。

2

肉と魚介のカレーとおかず

日常的にカレーを食べるスリランカでは、カレーの種類は実に豊富です。ふだん食べるのは豆や野菜のカレー。肉のカレーはごちそうの一つでもあります。海に囲まれた国なので、獲れたての魚をはじめ、えび、いか、かになど魚介のカレーもよく食べられています。海から遠い内陸部などでは干し魚を使うことも多く、そんなところも日本人には親しみを覚えるおいしさです。

シンプルスタイルのチキンカレー

簡単な作り方のチキンカレーですが、骨つきのぶつ切り肉を使うとおいしくできます。最後にココナッツミルクが入り、ぐっとスリランカらしい味に。スパイスを混ぜた水に肉をつけて味を染み込ませる独特の作り方で、必ず手でよく混ぜ合わせます。汁気の多いさらりとした仕上がりです。肉のカレーはどれもカレーリーフやランペの香りが重要なので、できれば手に入れて作ってみてください。

材料（4人分）
鶏もも骨つき肉（ぶつ切り）……700g
玉ねぎ……½個（約100g）
トマト……½個
にんにく（しっかりつぶす）……3片
しょうが（しっかりつぶす）……½かけ
A ┬ トゥナパハ（p8参照）……大さじ1
　├ シナモンスティック（ほぐす）……1つかみ
　├ カレーリーフ*……2つまみ
　├ ターメリック……小さじ1
　├ 赤唐辛子（パウダー）……小さじ1
　├ 黒こしょう（パウダー）……小さじ1
　├ レモン汁……¼個分
　└ 塩……小さじ2
ココナッツミルク（缶）……100mℓ
　（またはパウダー大さじ4を湯90mℓで溶く）
ココナッツオイル（またはサラダ油）……大さじ1
サラダ油……大さじ2

＊カレーリーフは入手がむずかしければ入れなくても可。

作り方
1　トゥナパハは、フライパンでから煎りし、こんがりとした色になったら取り出す。
2　鶏肉は皮を取り除く。ボウルに入れ、混ぜ合わせたAと水700mℓを加え、手でよく混ぜ合わせ、そのまま5〜6分おく。
3　玉ねぎは横に2等分し、縦に2〜3mm幅に切る。トマトはざく切りにする。
4　鍋にココナッツオイルとサラダ油を合わせて熱し、にんにくとしょうがを炒める。にんにくが茶色くなったら玉ねぎを加え、あめ色になるまでしっかり炒める。
5　トマトを加え、2を汁ごと加え、ふたをして弱火で約1時間煮る（圧力鍋の場合は低圧で約15分煮る）。
6　ココナッツミルクを加え、ときどき混ぜながらさらに約10分煮る。

鶏肉は、スパイス類と水につけて、味をなじませる。

玉ねぎはあめ色になるまでしっかり炒めて甘味を引き出す。

インド料理との違い

スリランカ料理は南インドのタミル人による影響もあり、南インド料理との共通点はたくさんあります。けれどいちばんの違いは、鰹節を用いるなど完全な菜食ではないことです。これはベジタリアンの多いインドではあり得ません。そしてインドと違って乳製品はほとんど使わず、代わりにココナッツがミルクの役割も油脂の役割もつとめます。鍋に材料をセットしたらココナッツミルクを注いでよく混ぜて煮る、というシンプルな調理法が多く、基本的にこの作り方は油を使いません。主食は米で、お菓子には植民地時代のヨーロッパの影響が色濃く残っています。一方インドが影響を受けたのはイスラム王朝。とくに北インドはスリランカとは違い、旨味は炒めた玉ねぎや煮詰めたトマトに求め、乳製品を多用します。寒さから油脂は動物性のものが好まれ、主食は麦由来のパンです。

オールド・シンハラスタイルの
チキンカレー

現代的なシンプルスタイルではなく、古くからシンハラ人のあいだで受け継がれてきた伝統的なスタイルのレシピです。ターメリックやタマリンド、マスタードのペーストやローストしたトゥナパハなど、鶏肉にどんどん下味をもみ込んで準備をします。たっぷりのにんにくやしょうが、ハーブを使いますが、対して新大陸からやってきたトマトなどは入らず、手をかけただけのフレーバーが味わえるカレーです。骨から肉がホロリと落ちるくらいじっくりと煮てください。

材料（4人分）

鶏もも骨つき肉（ぶつ切り）……700g
ターメリック……小さじ1
玉ねぎ……1/3個（約70g）

A ┌ トゥナパハ（p8参照）……小さじ2 1/2
　└ 赤唐辛子（パウダー）……小さじ2/3

B ┌ 黒こしょう（パウダー）……小さじ1
　└ 粒マスタードペースト……小さじ1 1/2

タマリンド（または梅肉小さじ2）……15g

スパイスペースト
┌ しょうが（すりおろす）……1 1/2かけ
│ にんにく（すりおろす）……1 1/2片
│ カレーリーフ*（細かくちぎる）……2つまみ
│ シナモンスティック（細かくほぐす）……1つまみ
└ カルダモン（割ってさやも種も細かくほぐす）……3個

C ┌ カレーリーフ*……2つまみ
　│ ランペ*（5mm幅）……1つまみ
　└ 青唐辛子（小口切り）……1本

塩……小さじ1
ココナッツオイル（またはサラダ油）……大さじ4

*カレーリーフとランペは入手がむずかしければ入れなくても可。

コロンボのレストランのランチ。

作り方

1 鶏肉は皮を取り除き、ターメリックをまぶす。

2 Aをフライパンでから煎りする。煙が出て、こんがりとした色になったら取り出す。

3 2とBを混ぜ合わせ、1の鶏肉にまぶす。

4 タマリンドは水100mlに約15分つけてから手でよくもみ出してざるで漉し、ペーストを作る。3の鶏肉にまぶす。

5 スパイスペーストの材料を合わせ、すり鉢やミルでなめらかなペースト状にする（または材料を混ぜ合わせる）。

6 玉ねぎは横に2等分し、縦に2〜3mm幅に切る。鍋にココナッツオイルを熱して玉ねぎを炒め、すぐにCを入れ、色づいてきたら5と塩を加え、約1分炒める。

7 4の鶏肉を入れ、まぶしつけるように約3分炒め、水350mlを加えて約1時間煮る（圧力鍋の場合は低圧で約15分煮る）。

2　肉と魚介のカレーとおかず　25

ポークカレー

ゴラカの酸味を脂身の多いポークに合わせた、傑作カレーだと思います。ゴラカがない場合は黒酢を使って味を近づけます。煮込むうちにある時点から味がこなれておいしくなるので、必ずじっくりと肉がやわらかくなるまで煮込んでください。圧力鍋も適しています。クローブの香りが仕上がりをまとめて、あとを引く独特の味わいです。

材料(4人分)
- 豚肉(カレー用)…… 700g
- ゴラカ(または黒酢大さじ2)…… 6〜8片(約12g)
- A
  - トゥナパハ(p8参照)…… 小さじ1½
  - ターメリック…… 小さじ1
  - 赤唐辛子(パウダー)…… 小さじ⅔
  - 黒こしょう(パウダー)…… 小さじ½
  - カレーリーフ*…… 2つまみ
  - 塩…… 小さじ1½
- B
  - 青唐辛子(小口切り)…… 1本
  - 玉ねぎ(薄切り)…… 小½個(約80g)
  - シナモンスティック(ほぐす)…… 2つまみ
  - ターメリック…… 1つまみ
- にんにく(すりおろす)…… 3片
- しょうが(すりおろす)…… 2かけ
- クローブパウダー…… 小さじ⅓
- ココナッツオイル(またはサラダ油)…… 大さじ2
- サラダ油…… 大さじ1⅓

*カレーリーフは入手がむずかしければ入れなくても可。

作り方

1 ゴラカペーストを作る。ゴラカを水40mlに一晩つけ、水ごとフードプロセッサーにかける(または細かく刻む)。トゥナパハは、フライパンでから煎りし、こんがりとした色になったら取り出す。

2 豚肉は1.5cm角に切り、**1**のゴラカペーストをもみ込み、続いてよく混ぜた**A**をもみ込む。

3 鍋にココナッツオイルとサラダ油を合わせて熱し、煙が出てきたら**B**を加えて約3分炒める。

4 にんにく、しょうが、クローブパウダーを加えて約1分炒める。

5 **2**の豚肉を入れて約3分炒め、水300mlを加え、よく混ぜてからふたをして弱火で約1時間煮る(圧力鍋の場合は低圧で約15分煮る)。

スリランカの民族、シンハラ人とタミル人

スリランカの人口のうち8割はシンハラ人で、2割弱がタミル人です。主に仏教徒のシンハラ人は古くは北インドからやってきた人種で、一方ヒンドゥー教徒のタミル人は南インドから紀元前2世紀頃移住を始めました。11世紀には南インドのチョーラ王朝から新たに多くのタミル人がやってきて二大民族となりましたが、第2次大戦後にシンハラ人オンリーの政策を掲げた政権がタミル人の選挙権を剥奪したことなどをきっかけに争いが始まりました。1970年代に対立は深まって1983年からは大規模な内戦状態となり、タミル軍は北東部を拠点として分離独立を求め、政府軍と反政府ゲリラとの戦闘が続きました。でもその辛い時代も近年雪解けをみて、2009年5月19日、スリランカの大統領は26年間で7万人以上の犠牲者を出した内戦の終結を宣言。ようやく訪れた平和は皆が待ち望んでいたものです。

ビーフカレー

インドではあまりなじみのない牛肉も、スリランカでは珍しくない食材。味が染み込みにくいので、煮る時間がないときは肉を小さく切るのもいいでしょう。圧力鍋も適していますが、やや水分量の多い仕上がりになります。

材料(4人分)
牛すね肉（シチュー用）……500g
スパイスペースト
- にんにく（すりおろす）……3片
- しょうが（すりおろす）……2かけ
- シナモンスティック（細かくほぐす）……2つまみ
- カルダモン（割ってさやも種も細かくほぐす）……6個

A
- トゥナパハ（p8参照）……大さじ1強
- 赤唐辛子（パウダー）……小さじ1

B
- タマリンド（または梅肉小さじ2）……15g
- ターメリック……小さじ2/3
- 黒こしょう（パウダー）……小さじ2/3
- 塩……小さじ2

C
- 玉ねぎ……1/3個（約70g）
- 青唐辛子……1本
- カレーリーフ*……1つかみ
- ランペ（5mm幅）……2つまみ

ココナッツオイル（またはサラダ油）……50ml

＊カレーリーフとランペは入手がむずかしければ入れなくても可。

作り方

1
スパイスペーストの材料を合わせ、すり鉢やミルでなめらかなペースト状にする（または材料を混ぜ合わせる）。

2
Aをフライパンでから煎りする。煙が出て、こんがりとした色になったら取り出す。

3
タマリンドは水100mlに約15分つけてから手でもみ出してざるで漉し（p25参照）、Bの残りの材料と合わせる。牛肉は約3cm角に切り、2とBをまぶす。

4
玉ねぎは横に2等分し、縦に2〜3mm幅に切る。青唐辛子は斜めに小口切りにする。鍋にココナッツオイルを熱し、Cを約1分炒め、1を加えて約5分炒める。

5
3の牛肉を漬け汁ごと加え、約3分炒める。焦げつきそうなら水大さじ1〜2を加えて炒める。水450mlを加え、煮立ったらふたをして、肉がやわらかくなるまで約1時間煮る（圧力鍋の場合は低圧で約15分煮る）。

豊かな自然と生きものたち

スリランカは野生動物の宝庫。たとえば世界遺産でもあるシンハラージャ森林保護区には、ここにしか生息しない生物がわかっているだけで83種類もおり、絶滅危惧種もいまだ多数が生きています。その根底には殺生を戒める仏教観に支えられた国民意識があることは間違いありません。国立公園や保護区の面積だけで国土の1割近くになるためサファリツアーも観光の目玉の一つで、もちろん美しい植物やヤシも堪能できます。ある保護区に置かれた看板には、Take nothing but photographs. Leave nothing but footprints.（とるのは写真だけ。残すのは足跡だけ）とあります。本来大切なことはシンプルで、当然な心がけだけですべての生きものが共存できるはずなのだと、改めて感じます。

干し魚のホッダ
干し魚の汁カレー

スリランカでは、しっかり塩をして干した魚は大事な保存食。日本にもたくさんの干し魚があるので、いろいろ試すことができます。ここでは使いやすいソフトタイプの身欠きにしんを使いました。煮るほどに味が出てくる干しだらも向いています。塩の分量は味をみながら加減してください。

ソフト身欠きにしんはキッチンバサミで切るとよい。スパイスと水を加えて味をなじませる。

材料（4人分）

干し魚（ソフト身欠きにしん、干しだらなど）……220〜230g
玉ねぎ……小¼個（約40g）
青唐辛子……1½本
カレーリーフ*……2つまみ
ランペ*（5mm幅）……2つまみ
ゴラカ（刻む。または黒酢小さじ2）
　……大さじ1強（約2〜3片分）
トゥナパハ（p8参照）……大さじ1
ターメリック……小さじ1
黒こしょう（パウダー）……小さじ⅔
塩……小さじ½

*カレーリーフとランペは入手がむずかしければ入れなくても可。

作り方

1 身欠きにしんは2cm幅に切る（魚の骨は好みではずす。入れたほうが味がよく出る）。玉ねぎは横に2等分し、縦に2〜3mm幅に切る。青唐辛子は斜めに小口切りにする。
2 鍋にすべての材料を入れ、水350mlを加えて手でよく混ぜ、30分おく。
3 2の鍋を火にかけ、煮立ったら弱火にしてふたをし、魚がやわらかくなるまで約30分ゆっくり煮る。水分が少なくなってきたら水を少し足しながら、やや少なめの水分でしっとりした状態に仕上げる。

ニゴンボの海岸で。

えびのテルダーラ
えびの炒めもの

テルダーラは油を使って炒めた料理です。殻つきのえびは少々食べにくいですが、食べてみると殻に守られた身がジューシーでやわらかく絶品。ダイナミックに楽しんでください。具に火を通したあと仕上げに油を入れる特別な作り方です。油が味の決め手なので、できればココナッツオイルを使ってください。

材料(4人分)
えび(中サイズ。殻つき)……400 g
トマト……小1/2個(約80 g)
玉ねぎ……小1/2個(約80 g)
青唐辛子……1本
にんにく(すりおろす)……2片
しょうが(すりおろす)……2かけ
ゴラカ(または黒酢大さじ1)……4片
カレーリーフ*……2つまみ
ランペ*(5mm幅)……1つかみ
フェヌグリークシード……小さじ1/2
シナモンスティック(ほぐす)……2つまみ
赤唐辛子(パウダー)……小さじ1/2
黒こしょう(粗挽き)……小さじ1
塩……小さじ2/3
ココナッツオイル(またはサラダ油)……大さじ1
*カレーリーフとランペは入手がむずかしければ入れなくても可。

油以外の材料をすべて鍋に入れ、手でまんべんなく混ぜてから、火にかける。

仕上げにココナッツオイルを鍋肌から加えて、甘い香りがしてきたら混ぜ合わせてでき上がり。

作り方

1 えびは頭を取り、殻と足は残す。トマトはざく切り、玉ねぎは横に2等分し、縦に2～3mm幅に切る。青唐辛子は小口切りにする。

2 鍋にココナッツオイル以外の材料をすべて入れ、手でよく混ぜる。

3 ふたをして強火にかけ、1～2分して蒸気がこもってきたらふたを取り(このときゴラカが上に出ていたら、えびの下に沈める)、中火で7～8分煮る。上下を返すようにそっと混ぜ、水分がなくなるまでさらに5～6分煮る。

4 ココナッツオイルを鍋肌から回し入れ、油が温まってから一度混ぜ、水分が残っていたら強火にして水分をとばす。

いかのテルダーラ いかの炒め煮

いかと野菜をさっと炒め煮にした手軽にできる料理です。厚みのあるいかをひと口大に切っても、小さないかをリング状に切ってもいいでしょう。皮はむかないと色が汚くなるので、丁寧にむいてください。しし唐はピーマンでもいいと思います。

材料（4人分）

- いか …… 2はい
- A
  - レモン汁 …… 小さじ2
  - ターメリック …… 小さじ1/3
  - 塩 …… 小さじ1/2
- 玉ねぎ …… 小1/2個（約80g）
- しし唐 …… 5本
- トマト（固めのもの）…… 1個（約150g）
- にんにく（すりおろす）…… 1片
- しょうが（すりおろす）…… 1かけ
- B
  - カレーリーフ＊ …… 2つまみ
  - ランペ＊（5mm幅）…… 2つまみ
- C
  - ココナッツミルク（缶）…… 大さじ2
  （またはパウダー大さじ1強を湯大さじ2で溶く）
  - 水 …… 大さじ1 1/3
- D
  - クミンパウダー …… 小さじ2
  - コリアンダーパウダー …… 小さじ1強
  - 塩 …… 小さじ1強
- ココナッツオイル（またはサラダ油）…… 40ml

＊カレーリーフとランペは入手がむずかしければ入れなくても可。

クミン、コリアンダー、塩を加えて、風味をプラスする。スパイスを仕上げに加えるのは珍しい調理法。

作り方

1 いかはわた、骨、口を取り、皮をむいて3cm角に切り、ゲソは3cm長さに切る。よく洗い、合わせたAをまぶす。

2 玉ねぎは横に2等分し、縦に2～3mm幅に切る。しし唐は3等分に切り、トマトはざく切りにする。

3 1を鍋に入れて火にかけ、混ぜながら約1分火を通す。軽く火が通ったところでざるに上げる。

4 別の鍋にココナッツオイルを熱し、にんにくとしょうがを炒め、煙が出てきたら、Bを加え、軽く混ぜる。2を玉ねぎ、しし唐、トマトの順に加え、約3分炒める。

5 混ぜ合わせたCと、Dを加え、3のいかを入れ、ふたをせずに約2分炒め煮にする。

かにのホッダ
かにの汁カレー

汁気のあるかにのカレー料理です。このレシピには渡りがにほどのサイズのかにが向いています。鍋にセットして煮るだけですが、かにの旨味の出た煮汁はとてもいい味です。ナイフやフォークでは食べにくいので、両手でかにを持って身を取り出します。ホディ（汁）は白いライスに混ぜて、かにの身はそのまま食べます。

材料（4人分）
渡りがに …… 600g
タマリンド …… 40g
ココナッツミルク（缶）…… 1カップ
　（またはパウダー大さじ8を湯150mlで溶く）
A ┌ 玉ねぎ …… 1/4個（約50g）
　│ にんにく（すりおろす）…… 2片
　│ しょうが（すりおろす）…… 2かけ
　│ カレーリーフ* …… 1つかみ
　│ ランペ*（5mm幅）…… 2つまみ
　│ トゥナパハ（p8参照）…… 大さじ1 2/3
　│ ターメリック …… 小さじ1 1/2
　│ 赤唐辛子（パウダー）…… 小さじ1
　│ 粒マスタードペースト …… 小さじ1 1/2
　│ フェヌグリークシード …… 小さじ1/3
　└ 塩 …… 小さじ1 1/2

＊カレーリーフとランペは入手がむずかしければ入れなくても可。

日本の渡りがにに似たかに。カレーに最高。

作り方

1 トゥナパハはフライパンでから煎りし、こんがりとした色になったら取り出す。玉ねぎは横に2等分し、縦に2～3mm幅に切る。Aをよく混ぜ合わせる。

2 タマリンドは水150mlに約30分つけてから、手でよくもみ出してざるで漉し、ペーストを作り（p25参照）、ココナッツミルクと合わせる。

3 渡りがにはぶつ切りにし、はさみの部分に食べやすく切れ目を入れる。1をまぶし、2を加えて混ぜる。

4 鍋に入れ、水550mlを加えてひと混ぜし、強火にかける。煮立ったら中火にし、かにが色づきはじめたら裏返す（かにだけを裏返す。全体を混ぜすぎないように）。

5 かにに火が通り赤く色づいたら、弱火で約3分煮て、火を止める。

タマリンドペーストとココナッツミルクをよく混ぜ、これを下味をつけたかににからめる。

アーユルヴェーダの話

☀ 生命の科学

アーユルヴェーダとはサンスクリット語で「生命の科学」を意味する古代インドの智慧です。その目的は幸せに生きること。健康でなくては幸せとは言えませんので医学的な要素が多いですが、それだけではありません。心の持ち方や人生の過ごし方など、多くの教えを含みます。アーユルヴェーダ医療の中には精神科や外科もあり、もちろん総合病院もあります。

アーユルヴェーダの起源には3000年前から6000年前までと諸説ありますが、「チャラカ・サンヒター」という初の文献が成立したのが2世紀頃と言われます。これより以前はまったくの口伝だったわけです。

インド周辺国で、現在もっともアーユルヴェーダの知識や伝統医療が残されているのは、インドとスリランカと言っていいでしょう。そもそも、お料理に使われているスパイスそのものが薬なのです。この二つの国は、中国に渡って漢方薬となった多くの生薬や香辛料の原産地でもあるわけです。

ではいったい、いつ頃からスパイスが料理に使われていたのかという話になると、はっきりとはしていません。ただそこで一つの目安に私が注目

血をきれいにするへびうり。
長さは1メートル近くある。

しているのは、紀元前2500年から紀元前1800年にかけて繁栄していたとみられるモヘンジョダロの遺跡。この地でスパイスが調理されたと思われる遺物が発見されているのです。このように古い時代から、人々の健康や人生に深くかかわってきたのがアーユルヴェーダです。

☀ 家族の健康を守るスパイス料理

実際に、インドやスリランカを訪れると、伝統的なスパイス料理を現代でも毎日（ほとんど毎食）摂っていることに驚かされます。日本のような中華や洋食という食のバリエーションは、ここ数年、都会に限って少し入ってきた程度です。なぜなら、スパイスによる伝統食が気候や生活にぴったり合っていて、これなしでは体調管理が難しいからです。他の食文化を受け入れ難いほど、それは重要だということなのです。このことがもうすでにアーユルヴェーダに直結しています。

スリランカのお母さんたちは、家族の身体を守るための知識を少女の頃から家庭で習っていて、それが生活に染み込んでいます。

いくつかの例を出しましょう。私がお料理を習った家のお庭にあった、ごく普通の葉っぱ。この葉の名前が「アグナ・コラ」だと聞いて、私はアーユルヴェーダに関係があるなと感じました。アグナ（アグニ）とはサンスクリット語で消化を司る火のことで、コラはシンハラ語で葉のこと。このアグニの力によって食べ物は消化され、体組

左／コラ・キャンダは、粗製糖のジャガリをかじりながらいただく。(a)
上／手前は家庭で煎じ薬を作るためのパスパングァのセット。後ろは、湯に溶かして飲む粉薬のサマハン。

上／庭で摘んだゴトゥコラ。脳の働きをよくする効能が。
左／食材を入れているのは、ヤシの葉で編んだかご。玉ねぎは日本のものより小ぶりで、紫玉ねぎもよく用いる。

織や力などに変換されていきます。未消化物はアーマという毒素になり、病を引き起こしていきます。「消化の葉」とは、なんと素晴らしい名前。この葉は、コラ・サンボーラというサラダのような料理になって定期的に食卓にのぼるとのこと。家族の胃の調子を整えるためのお母さんの愛情です。そればかりか、寄生虫の駆除にも寄与するということで、定期的に食することはとても大事だということがよくわかりました。

お料理を作るときも、血をきれいにしてくれるへびうりや、お腹によいコヒラをうまく使ったり（この野菜は怒りっぽい人にもよいそうです）、身体を温めるジンジャーや身体を熱くしすぎる甲殻類は、家族の体調をよく見てメニューに使うそうです。受験生がいたら、脳の働きに寄与するゴトゥコラ（ツボクサ）たっぷりのお粥コラ・キャンダ（p64）を朝食にするかもしれません。病み上がりの家族がいたら汁ご飯ディヤ・バト（p65）でしょうか。

✹ 風邪の特効薬

子どもが咳をしていたとしましょう。おそらくコリアンダーシードが活躍します。このスパイスは冷性で咳を鎮めるとされますので、まずコリアンダーのお茶を飲ませます。熱があってどうも風邪だという場合だったら、近所のお店で「パスパングァ」という風邪引きのときに飲むとよいスパイスやハーブが調合されたものを買ってくることでしょう。

パスパングァの成分は、コリアンダーやジンジャーのほか、薬草のWeniwal Gata、Paspadagam、Katuwal Batuなど。これはスリランカ中どこにでも売っています。スーパーの薬品コーナーや、村のよろず屋さんにも。お母さんはこれをワランという土鍋（悪い成分が出てこない）に入れてふたをして20分くらい煮詰めて、とてもよく効く薬を作ってくれることでしょう。

✹ 愛情と一緒に料理を作る

これらはほんの一例にすぎませんし、そして決して特別なことではありません。どの家でも厳しい気候の中で、人々は伝来の智慧で身体を守ってきました。同じ料理を作るのでも、家族の体調のほか、酷暑期なのか清涼な時期なのか雨期なのかの判断で少しずつ違った調理をしますが、これを可能にするのがスパイス料理です。

このような素晴らしい伝統食から私たちも学ぶところがたくさんあると思います。そこから得た知識を使って、愛情と一緒に食事を作る。理想的な食がそこにあります。

アーユルヴェーダでは作り手の気持ちが食事の質に大きく影響すると、古い書物に書かれています。何を食べればいいかだけではない教え、それがアーユルヴェーダなのだということを、いつもキッチンで思い出して料理をしたいものです。

3

野菜たっぷりの
カレーとおかず

オールド・シンハラスタイルの
かぼちゃカレー

かぼちゃカレー

スリランカは野菜料理も充実しています。野菜の種類は多く、市場には色とりどりの野菜が山積みにされています。カレーだけでなく、炒めものや煮ものにして、カレーとともにご飯に添えて、混ぜていただきます。日本の鰹節にそっくりのモルディブフィッシュを使って旨味をプラスした料理は、どこか懐かしさを感じさせる素朴なおいしさが魅力です。

かぼちゃカレー

シンプルスタイルのカレーです。日本の男性でかぼちゃが苦手な人も必ず気に入る不思議なおいしさ。ココナッツがかぼちゃのほのかな甘味によく合い、そしてかつおのだしの味もして辛味もある……。新しいカレーの世界が開けること間違いなしです。かぼちゃはローストしたトゥナパハが合う、野菜の中では例外的な素材の一つです。

茶色い粉末がローストトゥナパハ。

材料(4人分)
- かぼちゃ……1/4個(約300g)
- 玉ねぎ……1/4個(約60g)
- トマト……1/3個(約50g)
- にんにく……2片
- A
  - トゥナパハ(p8参照)……小さじ1
  - カレーリーフ*……2つまみ
  - モルディブフィッシュ(または鰹節の厚削りを刻んだもの)……小さじ1
  - シナモンスティック(ほぐす)……1つまみ
  - ターメリック……小さじ1
  - 赤唐辛子(パウダー)……小さじ1/2
  - 黒こしょう(パウダー)……小さじ1/2
  - 塩……小さじ1
- B
  - ココナッツミルク(缶)……50㎖
  - (またはパウダー大さじ2を湯大さじ3で溶く)
  - 水……2カップ
- (仕上げ用)ココナッツミルク(缶)……100㎖
  - (またはパウダー大さじ4を湯90㎖で溶く)

＊カレーリーフは入手がむずかしければ入れなくても可。

作り方
1 トゥナパハはフライパンでから煎りし、こんがりとした色になったら取り出す。
2 かぼちゃは小さめのひと口大に切る。玉ねぎは横に2等分し、縦に2〜3㎜幅に切る。トマトはざく切りにし、にんにくはつぶしてからみじん切りにする。
3 鍋に**2**と**A**の材料を入れ、混ぜ合わせた**B**を加えて、手でよく混ぜ合わせる。中火にかけ、かぼちゃが煮くずれない程度に火を通す。
4 仕上げ用のココナッツミルクを加え、味をみて必要なら塩で味を調える。煮くずれないようにゆっくり混ぜて、弱火でさらに4〜5分煮る。

オールド・シンハラスタイルのかぼちゃカレー

米を煎ってからココナッツなどと一緒に挽いてベースを作るレシピです。珍しくマスタードシードのパウダーを使いますが、粉がらしで代用しました。煎った米もトゥナパハも香ばしく、しっとりと煮くずれてきたかぼちゃのおいしさを味わう一品。かぼちゃ好きな方の新しい世界を開きます。

赤米、ココナッツファイン、粉がらしを焦がさないように煎る。これを細かく挽いてココナッツミルクと合わせる。

風味ととろみをつけたたっぷりのココナッツミルクで、かぼちゃを煮ていく。

材料(4人分)
- かぼちゃ……1/3個(約400g)
- 赤米(または白米)……大さじ1 1/2
- ココナッツファイン……大さじ2 1/2
- 粉がらし……小さじ1
- A
  - 玉ねぎ……小1/4個(約40g)
  - ランペ*(2㎝幅)……5枚
  - 青唐辛子……2本
  - モルディブフィッシュ(または鰹節の厚削りを刻んだもの)……大さじ1強
  - 粒マスタードペースト……大さじ1 1/3
  - フェヌグリークシード……小さじ1 1/2
  - ターメリック……小さじ1強
  - 黒こしょう(パウダー)……小さじ1/2
  - 塩……小さじ2弱
- B
  - ココナッツミルク(缶)……1カップ
  - (またはパウダー大さじ8を湯150㎖で溶く)
  - 水……1カップ
- C
  - ココナッツミルク(缶)……大さじ2
  - (またはパウダー大さじ1強を湯大さじ2で溶く)
  - 水……250㎖

＊ランペは入手がむずかしければ入れなくても可。

作り方
1 玉ねぎは横に2等分し、縦に2〜3㎜幅に切る。青唐辛子は斜めに小口切りにする。フェヌグリークシードは黒くなる手前までから煎りする。
2 かぼちゃは皮をむいて2㎝角に切り、**A**をまぶす。
3 ココナッツファインは水小さじ1/2をふりかけ、もむ。
4 赤米をから煎りし、ややこんがりとしてきたら**3**と粉がらしを加え、焦がさないように弱火で30秒ほど炒め、ミルやすり鉢で細かく挽く。
5 混ぜ合わせた**B**と**4**を混ぜる。
6 鍋に**2**と混ぜ合わせた**C**を入れて火にかけ、かぼちゃに半分火が通ったら、**5**を加えてさらに煮る。水分がかぼちゃの半量くらいになったらでき上がり。

なすのカレー

スリランカでは緑色の丸いなすを使いますが、日本のなすでもおいしくできます。油とスパイスを吸い込んだなすはジューシーでやわらかく、野菜でありながらかぼちゃ同様に例外としてローストしたトゥナパハを使うので、香ばしさが添えられます。なすの品種によって水分の吸い込み方が違いますが、ホディ（汁）が残っていても吸い込んでしまっても、それぞれおいしく食べられます。

トゥナパハはローストしたものを使用。スパイス類を手で混ぜて、なすになじませる。

材料(4人分)

なす …… 5〜6本(約600g)

A
- モルディブフィッシュ（または鰹節の厚削りを刻んだもの）…… 大さじ1
- トゥナパハ(p8参照)…… 小さじ2
- 赤唐辛子（パウダー）…… 小さじ2/3
- ターメリック …… 小さじ1/2
- フェヌグリークシード …… 小さじ1/2
- 塩 …… 小さじ1 1/3

マスタードシード …… 小さじ1/2

B
- 玉ねぎ …… 小1/4個(約40g)
- 青唐辛子 …… 1本
- にんにく（平たくつぶす）…… 1/2片
- カレーリーフ* …… 1つまみ
- ランペ*（5mm幅）…… 1つまみ

C
- ココナッツミルク(缶)…… 80ml
  （またはパウダー大さじ3を湯大さじ4で溶く）
- 水 …… 2カップ

(仕上げ用)ココナッツミルク(缶)…… 大さじ1
（またはパウダー小さじ2を湯大さじ2で溶く）
ココナッツオイル（またはサラダ油）…… 70ml

＊カレーリーフとランペは入手がむずかしければ入れなくても可。

作り方

1 トゥナパハはフライパンでから煎りし、こんがりとした色になったら取り出す。

2 玉ねぎは横に2等分し、縦に2〜3mm幅に切る。青唐辛子は斜めに小口切り、なすは5〜6mm幅の輪切りに。

3 ボウルになすを入れ、**A**を加えて手で混ぜる。

4 鍋にココナッツオイルを熱し、マスタードシードを炒める。パチパチとはじけたら、**B**を加えて約2分炒める。

5 3のなすを入れ、混ぜながら炒める。なすが温まってきたら、混ぜ合わせた**C**を加え、ふたをして煮る。

6 なすがくったりしたら、仕上げ用のココナッツミルクを加えて混ぜ、火を止める。

空心菜のテルダーラ 空心菜の炒めもの

アジア各国同様、スリランカでも空心菜は高級野菜として親しまれ、にんにく味で炒めものにするのがポピュラー。タイ料理や台湾料理で食べ慣れている人も、ココナッツオイルとモルディブフィッシュ味のスリランカバージョンは必ず気に入るはず。栄養価が高く白いライスによく合います。

材料（4人分）
- 空心菜……2わ（約200g）
- トマト……½個
- にんにく（平たくつぶしてからみじん切り）……⅓片
- しょうが（平たくつぶしてからみじん切り）……½かけ
- A
  - 玉ねぎ……小¼個（約40g）
  - 青唐辛子……½本
  - モルディブフィッシュ*（または鰹節の厚削りを刻んだもの）……小さじ1½
  - カレーリーフ*……2つまみ
  - ランペ*（5mm幅）……1つまみ
  - ターメリック……小さじ⅓
  - 赤唐辛子（粗く刻む）……2つまみ
  - 塩……小さじ½〜⅔
- ココナッツオイル（またはサラダ油）……小さじ2

*モルディブフィッシュの代わりにハールマッソー（p7参照）、または煮干しの頭とわたを取り、背割りにしたものを使ってもよい。
*カレーリーフとランペは入手がむずかしければ入れなくても可。

鍋の端で油に混ぜるようにしてしょうがとにんにくを炒め、それから全体を混ぜる。

作り方
1 玉ねぎは横に2等分し、縦に2〜3mm幅に切る。青唐辛子は斜めに小口切りにする。トマトはざく切りにする。

2 空心菜は4〜5cm長さに切り、鍋に茎を下に、葉を上にのせて入れ、ふたをして火にかける。空心菜がくったっとしてきたら中火にし、鍋肌からココナッツオイルを入れてにんにくとしょうがを軽く炒め、その後全体をよく混ぜる。

3 Aを加えて炒め、トマトも加え、強火でさっと炒める。

いんげんのキラタ
いんげんのココナッツ煮

スダタ（白い＝唐辛子が入っていない）と呼ばれるスタイルで、キラタというのはキリダーナワ（ココナッツミルクを使った）という言葉から来ています。スリランカでは珍しい辛くない料理。ビーツで作った写真もごらんください。うりやにんじんでもおいしくできます。南米から唐辛子が渡来する前のスリランカの味が想像できる料理です。

材料（4人分）

いんげん …… 500 g

A
- 玉ねぎ …… ¼個（約50 g）
- 青唐辛子 …… 1本
- にんにく（薄切り）…… 2片
- カレーリーフ* …… 2つまみ
- ランペ*（5mm幅）…… 2つまみ
- 粒マスタードペースト …… 大さじ1½
- トゥナパハ（p8参照）…… 小さじ2
- モルディブフィッシュ（または鰹節の厚削りを刻んだもの）…… 大さじ1½
- 黒こしょう（パウダー）…… 小さじ2
- 塩 …… 小さじ2

スパイスペースト
- にんにく（すりおろす）…… 1½片
- しょうが（すりおろす）…… 1½かけ
- シナモンスティック（細かくほぐす）…… 2つまみ
- カレーリーフ*（ちぎる）…… 2つまみ
- カルダモン（割ってさやも種も細かくほぐす）…… 4個

マスタードシード …… 小さじ1

B
- ココナッツミルク …… 50ml（またはパウダー大さじ2を湯大さじ3で溶く）
- 水 …… 150ml

ココナッツオイル（またはサラダ油）…… 20ml
サラダ油 …… 20ml

＊カレーリーフとランペは入手がむずかしければ入れなくても可。

作り方

1 いんげんは4cm長さの斜め切りにする。玉ねぎは薄切り、青唐辛子は斜めに薄切りにする。いんげんとAを混ぜ合わせる。

2 スパイスペーストの材料を合わせ、ミルやすり鉢でなめらかなペースト状にする（または材料を混ぜ合わせる）。

3 鍋にココナッツオイルとサラダ油を合わせて熱し、マスタードシードを入れる。パチパチとはじけたら、**2**を加えて炒める。

4 **1**を加え、水大さじ2を加えてよく混ぜ、ふたをして約5分蒸し煮にする。

5 半分ほど火が通ったら、混ぜ合わせた**B**を注ぎ、ひたひたになるまで煮詰める。

ビーツのキラタ

作り方
ビーツ小2個（約500g）はやわらかくゆで、棒状に切る。いんげんのキラタのいんげんをビーツに変えて、同様に作る。

大根カレー

大根の煮もの風のカレーです。同じ鰹節味でも日本料理との違いは面白いもの。日本の大根はスリランカのものより水分が多くしっとりと仕上がります。もしかしたらこの料理は、本家よりも日本の大根で作るほうがおいしいかもしれません。

材料（4人分）
大根 …… 500g
（塩 …… 小さじ2/3）
トマト …… 1/2個（約70g）
マスタードシード …… 小さじ1
A ┌ 玉ねぎ …… 小1個（約150g）
　├ 青唐辛子 …… 1/2本
　├ モルディブフィッシュ（または鰹節の厚削りを刻んだもの）…… 大さじ1強
　├ カレーリーフ* …… 2つまみ
　└ 赤唐辛子（粗く刻む）…… 小さじ1/2
ココナッツオイル（またはサラダ油）…… 50ml
サラダ油 …… 50ml
＊カレーリーフは入手がむずかしければ入れなくても可。

作り方
1 大根は3mm厚さのいちょう切りにし、塩をまぶして約30分おき、軽く水気をきる。
2 トマトは薄いくし形切りにする。玉ねぎは横に2等分し、縦に2～3mm幅に切る。青唐辛子は斜めに薄切りにする。
3 鍋にココナッツオイルとサラダ油を合わせて熱し、マスタードシードを入れる。パチパチとはじけたら**A**を加えて炒める。玉ねぎがしんなりしたら**1**を加えて約5分炒める。
4 トマトを加え、ふたをして弱火で約15分煮る。

玉ねぎがしんなりしたら、塩をした大根を加えて炒める。

カシューナッツのホッダ
カシューナッツの汁カレー

スリランカではカシューナッツはたいへん高級な食材です。生の殻を割ってナッツを取り出す作業はとても手がかかりますが、その甲斐あって誰もが大好きな料理となります。日本では中華食材コーナーにある生のカシューナッツでぜひ作ってください。

ゆでたカシューナッツとすべての材料を合わせて煮る。

材料（4人分）
カシューナッツ（生）……⅔カップ*
青唐辛子……1本

A
- モルディブフィッシュ（または鰹節の厚削りを刻んだもの）……小さじ1⅓
- カレーリーフ*……2つまみ
- コリアンダーパウダー……小さじ1
- ターメリック……小さじ½
- 赤唐辛子（パウダー）……小さじ⅓
- 塩……小さじ⅔

B
- ココナッツミルク（缶）……60㎖
- （またはパウダー大さじ2強を湯大さじ3で溶く）
- 水……2カップ

＊生のカシューナッツが手に入らないときはローストしたものでも同様に作れます。
＊カレーリーフは入手がむずかしければ入れなくても可。

作り方

1 カシューナッツはやわらかくなるまで約5分ゆで、ざるに上げる。青唐辛子は斜め薄切りにする。

2 鍋に**1**と**A**を入れ、混ぜ合わせた**B**を加えて混ぜ、約20分煮る。

3 野菜たっぷりのカレーとおかず

にがうりのテルダーラ
にがうりの炒めもの

暑い中でからだを守る食材のにがうりは、スリランカでもよく食べます。チャンプルーにも似た料理で食べやすいと思います。薬膳効果があると言われる種も、このレシピでは食べることができます。カリカリに炒めた種もおいしいのでぜひお試しください。

にがうりは種ごと用いる。ごくまれに種がはじけて飛んでくることがあるので、ふたでガードするとよい。ふたをぴったり閉めるとからりと仕上がらないので、種をよける程度に。

材料（4人分）
にがうり……1本
（塩……小さじ1）
ピーマン……2個
玉ねぎ……小1個（約150g）
トマト（固めのもの）……1個
A┌ ココナッツファイン……½カップ
　│ ココナッツミルク（缶）……大さじ1
　└ （またはパウダー小さじ2を湯大さじ2で溶く）
赤唐辛子（粗く刻む）……小さじ¼
モルディブフィッシュ（または鰹節の厚削りを刻んだもの）
　……大さじ1
塩……小さじ½
ココナッツオイル（またはサラダ油）……50mℓ
サラダ油……20mℓ

作り方
1 にがうりは種ごと薄切りにし、塩をまぶして約30分おき、水気をきる。
2 Aを合わせ、手でよくもみ込む。
3 ピーマンは3cm角に切り、玉ねぎは縦半分に切り、横に5mm幅に切る。トマトは縦半分に切り、横に7mm厚さに切る。
4 鍋にココナッツオイルとサラダ油を熱し、**1**のにがうりを揚げ焼きにする。からりとしたら赤唐辛子を加えてひと混ぜし、ピーマンと玉ねぎを加えて約3分炒める。
5 トマト、モルディブフィッシュ、塩、**2**を順に加え、ざっくり混ぜながら火を通す。

オクラのテルダーラ
オクラの炒めもの

オクラには酸味のあるものが合うのでここではゴラカを使いますが、手に入らないときは、この料理の場合は梅干しを刻んだものを使ってもおいしくできます。やわらかい梅干しでもカリカリ梅でもいいと思います。辛くて酸っぱい、食欲の出る一品です。

野菜の種類は多彩。へびうりやビーツの姿も。

材料（4人分）
- オクラ …… 20本
- A
  - 玉ねぎ …… 1/3個（約70g）
  - 青唐辛子 …… 2本
  - トマト …… 1/2個（約70g）
  - ゴラカ（細かく刻む）…… 2片
- B
  - モルディブフィッシュ（または鰹節の厚削りを刻んだもの）…… 大さじ1
  - 赤唐辛子（粗く刻む）…… 小さじ2/3
  - 塩 …… 小さじ1強
- ココナッツオイル（またはサラダ油）…… 50ml

＊ゴラカがないときは刻んだ梅肉大さじ1/2で代用するか、仕上げにレモン汁小さじ2を足す。

作り方
1 オクラは1cm幅に切る。玉ねぎは横に2等分し、縦に2〜3mm幅に切る。青唐辛子は斜めに小口切りにする。トマトは縦半分に切り、横に5mm厚さに切る。
2 オクラはから煎りし、火を通す。
3 鍋にココナッツオイルを熱し、Aを約2分炒める。Bを加え、玉ねぎが色づくまで炒めたら、2を入れ、全体をざっくりと混ぜる。

オクラは油を使わずから煎りしてから、ほかの材料と炒め合わせる。

3 野菜たっぷりのカレーとおかず

スリランカ食の旅

☀ スリーウィラーに乗って

　急がず焦らず、風を感じながら、スリランカの街や村を移動するのにぴったりの乗り物がスリーウィラー。かわいい三輪車です。色とりどりに自由に塗られた車体がとてもかわいらしくて、大好きです。

　これに乗ってトコトコ、時にはビューンと走っていくと、道端にはカラフルな八百屋さん、大きくて派手な看板、お寺、教会、池、田んぼ、ココナッツの畑や遊んでいる子どもたちなど、いつまで見ていてもあきない情景が広がります。

　海沿いでしたら、あちこちで水揚げされた魚を売っているところに出会うでしょう。鰹、太刀魚など日本でも顔見知りの魚たちから、鮮やかな南洋の魚、無数の小魚を干しているのはハールマッソーでしょうか。

☀ 気軽に食べ歩き

　ドアもないような気軽な食堂では、入り口付近でビターンビターンと、ゴーダンバ・ロティをのばしているかもしれません。カンカンカンとリズミカルな音はコットゥ・ロティでしょうか。店の入り口には何種類かのカレーがあるはず。チキンカレーでも魚カレーでも指さして、焼きたてのゴーダンバ・ロティで軽食はいかがですか。お肉がいらなかったら、「ホディ」と言えばカレーの汁だけを小さな器で持ってきてくれますよ。

　デニッシュパンのようなものと一緒に、カトゥレットやロールスが積んであるお店もあります。テー（紅茶）かキリ・テー（ミルクティー）を頼んで座っていると、カゴに山ほどのスナックが運ばれてくることでしょう。でも、決してあわてないで。食べたいものを食べたいだけつまんで、食べた分だけお勘定すればよいのが、この国のシステム。どれにしようかなと迷うのは、毎回楽しいものです。

　喉が渇いたら、黄色いココナッツ（タンビリ）をたくさん並べてある道端のお店の人に、「ひとつちょうだい」とジェスチャーで言って、ナタで割ってもらいましょう。ストローを差してくれると思いますが、飲み終えたら殻を差し出してください。またそれをナタで割って、中のトロトロの胚

カラフルな色が楽しい三輪タクシーのスリーウィラー。

左／ニゴンボの海岸で。煮干しのような小魚から大きな魚まで干されていた。
下／かに漁から戻った漁師。ニゴンボの入り江で。

下／料理を習った家庭で。薪のかまどを使うのが伝統のスタイル。（b）
右／ダンブッラの家庭で。料理に使うハーブを庭で摘むご夫婦。

乳を食べられるようにしてくれます。そこまで楽しんだらお勘定。

　もう一つ、スリランカならではのお勧めが水牛のヨーグルト。街角のスーパーの冷蔵コーナーで、すてきな素焼きの容れ物に入って売られています。一緒に瓶入りのキトゥル・パニ（クジャクヤシのみつ）を買って、それをかけて食べればデザートのミーキリに変身。気をつけてほしいのは、キトゥル・パニはホテルの部屋でも瓶ごとさらにビニール袋などに入れ、口を縛って管理してほしいこと。そう、すぐにどこからともなくアリがやってくるのです。でも、もしうっかりしてアリに見つかってしまったなら……　もう観念して、この国流にアリさんたちとみつを分けましょうか。

✹ 西洋菓子の伝統

　そういえば、意外なスリランカのお楽しみはお菓子にも。ポルトガル、オランダ、イギリスが相次いで植民地にしたこの国には、いまやヨーロッパでは珍しくなったスタイルのお菓子が、ひっそりと作り継がれています。その流れを汲むものまで入れると、とても興味深いバリエーション。お菓子好きな方はルーツ探しをしてみるのも楽しいかもしれません。古いホテルなどで見つけることができそうです。

　本書では、スリランカ式にココナッツのフィリングを使いながらもパンケーク（p74）という洋風な名前を持ったお菓子や、プディングをヤシ砂糖とココナッツで作ったヴァタラッパン（p76）、素朴なあめのトフィー（p75）などをご紹介しています。じゃがいもの入ったスナック、カトゥレット（p72）も、名前から察するにやはりヨーロッパの影響がありそうです。本書のスタイリングには、当時伝来し、今でも南部の伝統手芸となっているレース編みを使いました。改めてごらんになってみてください。朝食に食べられることの多いローカルなパンも、ヨーロッパ仕込みでなかなかおいしいものです。塩味スナックのコキスは、今でもポルトガルにまったく同じものがあります。

✹ 魔法のキッチン

　そしてできることなら、村で家庭にホームステイし、シンプルなキッチンから魔法のようにお料理を作ってしまうお母さんたちのワザを、ぜひごらんになってください。かまどでは今でも、ワランという土鍋が健在です。なすのモージュ（p16）などは、酢が入るため金属の鍋を決して使いません。伝統的なワランを使うことによって、涼しい場所に置けばカビも生えず、常温で1週間はもつというのですから驚きです。ココナッツの削り方、お米の研ぎ方、包丁の使い方、石のミルの活躍など、すべてがとても興味深く、素晴らしい経験ができることでしょう。

　それだけではなく、ココナッツの殻を燃料にするために干しているところや、アンマ（お母さん）がちょっと庭に出てはカラピンチャ（カレーリー

スリランカ食の旅　47

フ）やランペを摘んで鍋に入れる慣れた手つき、そして、使うスパイスを、なんといったん水で洗ってゴミやホコリを取ってから陽に干して使うところなど、じっくり見ることができます。

あなたが女性で、そこが南部なら、チーッタという腰巻き姿で水浴びをする女性たちに混ざるもよし、夕暮れ時にお釈迦様を祀った祠でお祈りをするおばあさんの横で一緒に祈るもよし、です。季節によっては、夜、みごとな蛍の乱舞を見ることができるかもしれません。

ただし、台所ではミリス（唐辛子）をちょっとだけにしてね、とお願いすることも大切なことかもしれません。日本人は唐辛子の辛さに耐性がなく、現地の人たちと同じ量の唐辛子を毎日食べているとお腹をこわしてしまいます。それはもう、しかたがないことですから。

唐辛子を半分にしてもらったとしても、おそらくは十分、異国情緒あふれるダイナマイトな辛味のカレーを味わえることをお約束いたします（本書のレシピの唐辛子量はかなり少なめです。お好みで足してくださればいいと思います）。

☀ 漱石、コロンボにてカレーを食す

日本人とカレーと言えば、こんな逸話もあります。明治33年のこと。第一回の政府給費留学生だった当時34歳の夏目金之助君、つまり後の作家・夏目漱石が、寄港先のコロンボでカレーを食べた、と日記に記しています。

9月8日に横浜港をプロイセン号で出港し、壮絶な船酔いとの戦いを経て翌月1日、英領セイロンのコロンボに着いたのでした。やはり好奇心旺盛な青年だったのですね、お金をぼられながらも街を歩き、お寺に詣でて、そのあと勇敢にも、「大ナラズ中流以下ノ旅館ナリ」と日記に記された、港町のホテルの食堂へ。そこで、「ライス」カレ、なるものを食したということなのでありました。

残念ながらそれがどのようなカレーだったのかはわからないのですが、コロンボへ行くと必ず、ペターという港町独特の混みあった商業地区を歩きながら、私は漱石の話を思い出します。

上／塩味の揚げ菓子コキス。車輪型、ちょうちょ型、ペイズリー型など、いろいろな型がある。（c）
左／スリランカの家庭料理。にがうりやバナナの花序のカレーに、ゴトゥコラやカレーリーフのサンボーラなど、野菜がたっぷり。

上／ヤシの木に囲まれた、典型的なスリランカの民家。
右／ジェフリー・バワの設計したホテル、ヘリタンス・カンダラマの窓辺で。猿が時折遊びに来る。

青年漱石。カレーを食べた日の日記は、いつにもまして多くを語っていたそうですから、現代ですら感じる文化の違いは、当時の日本人には強烈だったことと想像できますね。

※ ポヤ・デーの過ごし方

旅をしていて満月の日にあたったら、その日はポヤ・デーと呼ばれる仏教徒には大事な日。肉食をせず、お酒も飲まず、お寺に行き心身を清める日です。旅行者であっても、できれば同じようにその日を過ごしたいもの。お寺に行くと、お祈りのための白い服に身を包んだたくさんの人々に出会えます。

お寺の壁画などには、お釈迦様が生まれたときから入滅されるまでのさまざまな有名な場面が描かれています。スリランカの仏教徒たちは小さな頃から、日曜学校でポヤ・デーと同じ白い服を着て、場面場面の話を学んでいますから、誰もがやさしく絵の解説をしてくれることでしょう。そんな話もあったのかと、次々と興味深いストーリーが聞けることでしょう。そしてあとは、月を見ながら過ごしましょう。

満月の日は、日本では決して味わえない、そのような心豊かな一日を過ごしてみてはいかがでしょうか。

※ 熱帯のやさしい空気に包まれて

スリランカに私が感じる「豊かさ」とはなんなのだろうと、時折考えます。

動物と共存する、仏教の教えからくる平和な気持ちもそうですが、あるとき、それは「水」なのではないかと気がつきました。

九州ほどの国土に高い山、雲が生まれ気流が生まれ雨を降らせ、たくさんの湖や池ができる。水があるかないかの違いは生活の質に響きます。水はココナッツを育て、米を作り、清潔を運ぶ。田舎に行っても民家の蛇口からは水が出る。もしくはきれいな池や沼がある。ということは、これはアジアの国ではかなり幸せなことなのだと思うのです。そして周囲の海では豊富に魚がとれます。果物もたくさん実ります。

一般の家庭料理では、インドよりもスリランカのほうがスパイス使いがリッチだとも思います。クローブ、シナモン、ナツメグ、タマリンド。ゴラカすら、どんどん庭で育つのです。南インドの比ではないと感じます。マーケットには、インドほどはスパイスが売られていません。要するに、スパイスの自給率が高いのです。

魚のダシの旨味、気候に合った辛さ、動物性ではない油脂と濃すぎないココナッツ、米中心の食文化、ハーブとスパイスのハーモニー、それに加えて薬膳の知恵。これらをまとめたものがスリランカ料理だと感じています。

ぜひとも実際に訪れて、あの熱帯独特のやさしい空気のなかで、スリランカの豊かさを感じてほしいと思います。

4

スパイスの香り高い サイドディッシュ

カレーが主役のスリランカ料理ですが、混ぜたときのおいしさには、脇役となるサイドディッシュの存在も見逃せません。カレーリーフやランペ、シナモンなど、何種類ものハーブやスパイスを巧みに組み合わせることで、特有の刺激的で深い味わいを生み出します。できるだけ材料をそろえて、本場の味を再現してみてください。

魚のアンブルティヤル
魚のゴラカ煮

アンブルティヤルは酸っぱい煮もの。スリランカを代表する料理の一つで、発祥は南部のマータラです。ダイエットや健康食品として知られるゴラカをたっぷり使って煮込んだ魚は、浅炊きでも数日、さらに煮込んだものは常温で1週間くらいもつ料理になり、ちょっと日本の佃煮のよう。誰もが独特の焦げたような酸味のとりこになります。地方によりさまざまな作り方があり、これはコロンボ近くの海岸沿いのレシピです。

材料（作りやすい分量）
さわらの切り身（またはかつお、さんま、さばなど）
　……6切れ（約800g）
ゴラカ……12〜14片（約25g）
にんにく（すりおろす）……2片
しょうが（すりおろす）……2かけ

A
- シナモンスティック（ほぐす）……2つまみ
- フェヌグリークシード……小さじ½
- 黒こしょう（パウダー）……大さじ1
- 赤唐辛子（パウダー）……小さじ⅔
- 塩……小さじ1½

B
- 青唐辛子（小口切り）……1本
- カレーリーフ*……1つかみ弱
- ランペ*（5mm幅）……1つかみ
- 黒こしょう（パウダー）……大さじ1

ココナッツオイル（またはサラダ油）……40ml

*カレーリーフとランペは入手がむずかしければ入れなくても可。

作り方

1
ゴラカペーストを作る。ゴラカは水80mlに一晩つけてから、水ごとフードプロセッサーにかける（または細かく刻む）。

2
魚は2cm幅に切り、**1**と**A**を手でまぶす。

3
鍋にココナッツオイルを熱し、少し温まったところでにんにくとしょうがを入れて炒め、煙が出てきたら**B**を加えてさっと炒める。

4
2と水250mlを加え、煮立ったらふたをして弱火で約20分煮る（この状態でも十分おいしく食べられる）。さらにふたをして1時間以上弱火で煮詰めて水分をとばす。

白いご飯のほか、キリバト（p60）、シーニ・サンボーラ（p52）と3種一緒に食べる組み合わせは最高。

シーニ・サンボーラ
玉ねぎの佃煮風

スリランカ式スパイシーピラフ(p62)にぴったりの副菜で、砂糖抜きでさっと炒め煮にしたタイプはルーヌ(玉ねぎ)・テルダーラと呼びます。砂糖を入れ写真のように煮詰めるとシーニ・サンボーラとなり、食パンにはさめばお弁当に。冷めると油脂が固まり味が変わるので、日本の冬には食べるつど温めて。煮詰まって焦げそうなときは水を鍋底にほんの少しずつ足しながら煮てください。

材料(作りやすい分量)
タマリンド……10g
A
- にんにく(薄切り)……1½片
- カレーリーフ*……1つかみ
- シナモンスティック(細かくほぐす)……2つまみ
- モルディブフィッシュ(または鰹節の厚削りを刻んだもの)……大さじ2
- 玉ねぎ……大1個(約250g)
- カルダモン(割ってさやも種も細かくほぐす)……2個
- 赤唐辛子(粗く刻む)……小さじ1

塩……小さじ1½
砂糖……小さじ2
ココナッツオイル(またはサラダ油)……70ml

*カレーリーフは入手がむずかしければ入れなくても可。

作り方
1 タマリンドは水50mlに約15分つけてから手でよくもみ出し、ざるで漉してペーストを作る(p25参照)。
2 玉ねぎは横に2等分し、縦に2〜3mm幅に切る。
3 鍋にココナッツオイルを熱し、**A**の材料を上から順に入れ**1**を加えて炒める。玉ねぎがしんなりしたら、塩、砂糖を加え、水分がとんで黒っぽい色になるまで、弱火で20〜25分煮詰める。全体がねっとりと、くたくたになったらでき上がり。

オニオン・サンボーラ
玉ねぎの酸味あえもの

パイナップル・チャトニ

甘酸っぱく辛い、くせになる味の料理です。熟れた甘いパイナップルでも、固く酸っぱいものでもそれぞれのおいしさがあるので、丸ごと1つ買ってきて使ってみてください。ぜひフライドライス（p63）に添えて楽しんでほしいメニューです。ほかにもエスニック風のサンドイッチにしたり、ピザの具にするのも新しい食べ方かもしれません。

材料（作りやすい分量）
パイナップル …… 1個
玉ねぎ …… 小1個（約150g）
青唐辛子 …… 2本
マスタードシード …… 小さじ2/3
クミンシード …… 小さじ1/4
ランペ＊（5mm幅）…… 2つまみ
ターメリック …… 小さじ1/4
A ┌ モルディブフィッシュ
　│ 　（または鰹節の厚削りを刻んだもの）
　│ 　…… 大さじ1 1/2
　│ 赤唐辛子（粗く刻む）…… 小さじ1
　│ 砂糖 …… 大さじ1 1/2
　└ 塩 …… 大さじ1
ココナッツオイル
　（またはサラダ油）…… 40ml
サラダ油 …… 40ml
＊ランペは入手がむずかしければ入れなくても可。

作り方
1 パイナップルは天地と皮を切り落とし、八つ割りにしてから芯を除き、7〜8mm厚さに切る。玉ねぎは横に2等分し、縦に2〜3mm幅に切る。青唐辛子は斜めに小口切りにする。
2 鍋にココナッツオイルとサラダ油を合わせて熱し、マスタードシードを入れて炒め、パチパチとはじけたらクミンシードを加え、クミンがはじけたらランペを加え、すぐに青唐辛子、ターメリックを入れ、玉ねぎを入れて約5分炒める。
3 Aを加えて約3分炒め、1のパイナップルを加えてさらに3分炒める。
4 ふたをしてパイナップルがくたくたになるまで弱火でじっくり火を通す。焦がさないように気をつけながら、水分がほぼなくなるまで煮詰める。

玉ねぎの食感を残してサラダのようにあえたピリ辛の副菜。紫玉ねぎが向いています。

材料（2人分）
紫玉ねぎ …… 1/2個（約100g）
トマト …… 小1/2個
青唐辛子 …… 1本（またはしし唐2本）
レモン汁 …… 小さじ2
モルディブフィッシュ（または鰹節の厚削りを刻んだもの）
　…… 小さじ1/2
赤唐辛子（パウダー）…… 小さじ1/3
パプリカパウダー …… 小さじ1/4
塩 …… 小さじ1/3

作り方
1 紫玉ねぎは薄切り、トマトはくし形に切ってから横に薄切りにし、青唐辛子は斜めに5mm幅に切る。
2 すべての材料をボウルに入れ、指ですり合わせるようによく混ぜる。

ハールマッソー・テルダーラ ハールマッソーの炒めもの

ハールマッソーという塩漬けの干し魚を、ほかの具と一緒に油炒めした料理です。テルダーラとは油炒め。ねぎがよく合うので、青い部分も刻んで使ってください。ハールマッソーがなくても、煮干しでもおいしく作れます。煮干しが固いと食べにくいので、小さめのものやじゃこもいいかと思います。

材料(4人分)
- ハールマッソー(p7参照。または煮干し)…… 50g
- 長ねぎ(青い部分も使う)…… 2½本
- ピーマン …… 1個
- 玉ねぎ …… ¼個(約50g)
- A
  - トゥナパハ(p8参照)…… 小さじ½
  - シナモンスティック(細かくほぐす)…… 2つまみ
  - ターメリック …… 小さじ½
  - カレーリーフ* …… 1つまみ
- にんにく(薄切り)…… 2片
- レモン汁 …… 小さじ2
- 塩 …… 適量
- サラダ油 …… 大さじ4

*カレーリーフは入手がむずかしければ入れなくても可。

作り方
1 ハールマッソーは頭とわたを取る。大きいものは背割りにする。長ねぎは5mm幅の小口切りにし、ピーマンは縦に3mm幅に切る。玉ねぎは横に2等分し、縦に2～3mm幅に切る。

2 トゥナパハはフライパンでから煎りし、こんがりとした色になったら取り出す。

3 ボウルに1とAを混ぜ合わせる。

4 フライパンにサラダ油を熱してにんにくを炒め、色づいたら、3を加えて強火で炒める。ピーマンに火が通ったら、レモン汁をふり入れ、必要なら塩を足して味を調え*、火を止める。

*ハールマッソーは塩気が強いので、塩ははじめから入れずに味をみながら調整する。煮干しを使う場合も同様に味をみながら塩を適宜足す。

ハールマッソー・ウェンジャナ ハールマッソーの炒め煮

ハールマッソーを贅沢にたっぷり使ったごちそう感覚の料理(ウェンジャナ)です。小魚特有の浸み出てくるいい味を、少量のスープに煮出していただきます。わたがついたままだと臭みが出るので要注意。現代的にトマトの酸味を足して、しし唐を加えました。辛味の少ない伏見唐辛子なども向いています。

材料(4人分)
- ハールマッソー(p7参照。または煮干し)…… 200g
- A
  - 玉ねぎ …… 小¼個(約30g)
  - 青唐辛子 …… ½本
  - にんにく(薄切り)…… ½片
  - カレーリーフ* …… 1つまみ
  - ランペ*(5mm幅)…… 1つまみ
- B
  - しし唐 …… 8本
  - トマト …… ½個(約70g)
  - 赤唐辛子(パウダー)…… 小さじ½
  - レモン汁 …… 小さじ2
- 塩 …… 適量
- ココナッツオイル(またはサラダ油)…… 大さじ1
- サラダ油 …… 小さじ2

*カレーリーフとランペは入手がむずかしければ入れなくても可。

作り方
1 ハールマッソーは頭とわたを取り、大きいものは背割りにする。さっと洗って表面の塩を落とし、ざるに上げる(煮干しの場合は洗わなくてよい)。

2 玉ねぎは横に2等分し、縦に2～3mm幅に切る。青唐辛子は斜めに小口切りにする。しし唐は1cm長さに切り、トマトは薄いくし形切りにする。

3 鍋にココナッツオイルを熱し、1を約1分炒める。香ばしい香りがしてきたらサラダ油とA、水大さじ1を加え、弱火で約2分炒める。

4 水250mlを注ぎ、煮立ったらBを加え、水分が半量になるまで煮る。必要なら塩で味を調える*。

*ハールマッソーは塩気が強いので、塩ははじめから入れずに味をみながら調整する。煮干しを使う場合も同様に味をみながら塩を適宜足す。

スリランカの言葉と文字

丸くてかわいい不思議なスリランカの文字。私たちにはなんだか異文化を感じさせる形です。シンハラ文字は本書の目次ページの飾りなどに、またタミル文字は76ページのティーカップの縁取りに見ることができます。両言語ともにスリランカの公用語で、ブラーフミー文字から派生しています。たいへん古い文字なのですが、この丸さはじつはまだ紙がなく貝葉(ばいよう)と呼ばれるヤシの葉に書かれていたときの名残なのです。シャープな直線や鋭角では書くときに葉を破ってしまうため、成立の古い文字ほど曲線が多いというわけです。

ハールマッソー・テルダーラ

ハールマッソー・ウェンジャナ

パパダムのスナック

パパダム
豆粉のチップス

パパダムは、ウルンドゥ豆や小麦粉でできた料理と同名の食材を、油で揚げて作ります。カレーの合間につまんでパリパリと食感を楽しみます。粉々に砕いてふりかけのようにライスにかけるのもまたよし。インド食材のパーパル、パパド、アッパラムなどと呼ばれるものも同じように食される製品で、代用になります。パパダムを小さく切って揚げ、ナッツなどと混ぜたものもどうぞお試しください。

材料（4人分）
パパダム（市販）……4枚
揚げ油……適量

作り方
1 パパダムはキッチンバサミで縦に4つに細く切る。
2 180℃の油でパリッと揚げる。

揚げる前のパパダム。スリランカでよく見られる市販品。

スパイシーパパダム

材料（作りやすい分量）
パパダム（市販）……4枚
A ┌ ピーナッツ……½カップ
　├ 玉ねぎ……¼個（約50g）
　├ 赤唐辛子（辛味の少ない大きめのもの）……2〜3本
　└ カレーリーフ*……1つかみ
赤唐辛子（パウダー）、岩塩……各少々
揚げ油……適量
＊カレーリーフは入手がむずかしければ入れなくても可。

作り方
1 パパダムは1.5cm角に切り、180℃の油でパリッと揚げる。
2 玉ねぎは薄切り、赤唐辛子は1cm幅に切り種を取る。Aの材料もそれぞれ油でさっと揚げる（赤唐辛子は焦げやすいので穴あきお玉にのせたまま油をさっとくぐらせる）。
3 1と2をボウルに合わせ、赤唐辛子と岩塩で味を調える。

桜えびのふりかけ

小さめの桜えびを唐辛子とハーブで炒めて作る、スリランカ流のふりかけです。香り高いえびの味は日本人にはたまりません。カレーリーフとランペが入らないと香りが出ないので、なるべく手に入れて作ってください。ココナッツオイルと桜えびの甘く香ばしいコンビネーションを楽しみましょう。ルヌ・ミリス（p60）に混ぜたり、マッルン（p18）やフライドライス（p63）にトッピングするとおいしいです。

焦げやすいので水を加えて桜えびを炒め、焦がさないように注意する。

材料（作りやすい分量）
桜えび（小さいもの）……60g
A ┌ 青唐辛子……1本
  │ 玉ねぎ……1/3個（約70g）
  │ カレーリーフ*……2つまみ
  └ ランペ*（みじん切り）……2つまみ
B ┌ にんにく（つぶしてからみじん切り）……1/2片
  └ しょうが（せん切り）……1かけ
C ┌ 赤唐辛子（粗く刻む）……小さじ1
  └ 塩……小さじ1
ココナッツオイル（またはサラダ油）……40ml
サラダ油……小さじ2

＊カレーリーフとランペは、この料理の場合はなるべく手に入れてください。どうしても入手がむずかしければ山椒の実や葉で和風バージョンにしてもいいでしょう。

作り方
1 青唐辛子は薄い小口切りにする。玉ねぎは横に2等分し、縦に2〜3mm幅に切る。
2 鍋にココナッツオイルを熱し、**A**をさっと炒め、**B**を加えてさらに炒める。
3 玉ねぎが色づきはじめたら**C**を加え、さっと混ぜたら桜えびと水大さじ2を入れ、混ぜながら炒める。
4 サラダ油を鍋肌から回し入れ、中火でさらに10分炒める。カレーリーフがパリッとしてきたら火を止める。

米の話

❋ 多種多様な米

米どころ、スリランカ。

亜熱帯からやってきた稲は、熱帯のスリランカで強い陽光や豊かな水を得てぐんぐん勢いよく育ち、品種も増え、今では場所によっては三期作すら可能だとのこと。日本も確かに米を主食としていますが、スリランカの米の多様さには到底及びません。市場に並べられたさまざまな色や形や大きさの米を見るのはなかなか楽しいものです。

米の種類と食される地域をあげてみると、サンバ、スードゥル・サンバ、コーラ、ミルチャードなどのパーボイルド・ライス（収穫後すぐに籾のままいったんゆでてから精米したもの）は主に北部と中部、カクル・ハール、スドゥ・カクル・ハールなど生の米は南部で好まれるようです。

❋ 湯取り法でおいしく

スリランカでの米の調理法は、炊くというよりはゆでると言ったほうがいいかもしれません。粘質を流しパラパラにしあげる湯取り法で炊くのが、スリランカを含めた熱帯の土地での通常の炊飯方法。このやり方で炊かれた米は、さまざまな味をお皿の上で混ぜて食べるのに向いています。たとえば、まず汁気の多いホッダ（p12）をサラサラとかけて米を湿らせてひと口。次に、風味の強い、魚のアンブルティヤル（p50）をくずして混ぜてひと口……米のひと粒ひと粒に複雑に味が染み込み、絡まります。

私が考える南アジアのカレー食の楽しみ方。それは皿の上で、まずは手で軽くパラパラの米と刺激的なカレーを混ぜつつ、その手触りや香りや熱さを視覚とともに味わう。それから、完成された、もしくは予想されたイメージをもって口に運び、実際に舌の上で、鼻腔に抜ける香りや脳に届く辛味の刺激とともにそれらを納得し、時には驚嘆し、堪能することです。ですからやはり、粘質のある日本式のご飯（湯取り法に対して炊き干し法）は、南アジアのカレーには合いません。べっとりと炊けた米の粒には味が染み込みにくく、均一に混ざらず、そして舌に重すぎます。

対して日本米（ジャポニカ種）の日本式食べ方のおいしさは、口の中で米の部分とおかずの部分をはじめは別々に味わい（だから米そのものの味にもこだわります）、それが次に混ざっていき、唾液とも混ざり、さらに甘味が生まれ、それを楽しむこ

右／田植え風景。アトランダムに植えるのがスリランカ流。
下／水牛を使って昔ながらの方法で田んぼを耕す農民。

料理を習った家庭で。麺状に押し出してから蒸す、インディ・アーッパ。(d)

上／ヌワラ・エリヤの市場で。さまざまな品種の米、茹で米、赤米などバラエティー豊か。
下／湯取り法で炊いたご飯。ランペを差して香りを移す。

とだと思っています。スリランカの料理を食べるときには日本米であっても湯取り法をおすすめするのはこの違いのためです。

　また湯取り法は、アーユルヴェーダ的とも言えます。粘質のあるご飯は消化に重いのです。粘りをゆでこぼした米を食べ慣れたスリランカの人々にとって、ご飯とはとても軽いフワッとしたもの。カレーをかけて混ぜ、そしてまた混ぜて、消化によいご飯をたくさん食べるのが南国式なのです。

　このような、食べ方による味覚のからくりを理解していただき、お米という私たちに共通の主食を通して、スリランカの味と仲よくなってほしいと願います。

☀ 米粉料理

　米から作るもう一つの重要な素材が米粉。米粉は、蒸してピットゥ（インドではプットゥ）という筒状の料理となったり、豆の粉と合わせて発酵させてから焼き、トーセ（インドではドーサ）というクレープのような料理になったりします。パンのようなロティ（p66）もあり、これは小麦粉のパンと違った、もっちりした味わいが身上です。

　麺状に押し出して蒸したものは、インディ・アーッパ（インドではイディヤッパンまたはヌールプットゥ）。カレーの染み込みや絡まりがよく、小麦麺と違いグルテンがないので、指で混ぜながらちぎることができます。ココナッツミルクで溶いてヤシ酒で発酵させ、お椀形に焼いたアーッパ（インドではアッパム）もあります。これらはどれもみな、インドと深いつながりがある料理です。

☀ キリバトの思い出

　そのほか、薬草の青汁を使うお粥のコラ・キャンダ(p64)や、コヒラという固い茎のような野菜を使ったいかにもスリランカらしいお粥も。そしてなんといってもはずせないのがキリバト(p60)。生活の節々を祝う縁起物のこの料理こそスリランカ一番のお米料理だと思います。

　料理修業に行ったときには、初日の朝にスタートを祝ってと、スリランカ人の友人からキリバトが届きました。バナナの葉に包まれた真っ白いキリバト。なんとも温かな気持ちになりました。この国が大好きだなと思わせてくれる、思い出の料理です。

5

カレーに合うご飯とパン

日本同様、米を主食とするスリランカ。お米の種類も炊き方も日本とは異なりますが、カレーを混ぜて食べれば、その理由にすぐに気づくはず。カレーとの相性がバツグンなのです。ココナッツミルクで炊いたご飯や、米粉で作る薄焼きパンのロティなど米粉料理が充実しているのもスリランカならでは。アーユルヴェーダの流れをくんだヘルシーなお粥も養生食に取り入れたいメニューです。

ルヌ・ミリス

キリバト

キリバト
ライスのココナッツ煮

キリはミルク。ここではココナッツミルクを指し、バトはご飯。ココナッツミルクで炊いたご飯です。新しいスタートを祝う縁起物なので、スリランカ暦のお正月には欠かせません。毎月1日や、初登校、誕生日、家を建てる初日などの節目に登場する大切な料理です。やや甘味のある優しい味に、ピリリと辛いルヌ・ミリス、そしてスリランカではバナナを添えるのもお約束。一緒に食べるとなぜかおいしいのです。日持ちはしないので、なるべく半日で食べきってください。

材料（作りやすい分量）
米 …… 3カップ
塩 …… 小さじ½
A ┌ ココナッツミルク …… 100㎖
　│ 　（またはパウダー大さじ4を湯大さじ6で溶く）
　│ 水 …… 500㎖
　└ 塩 …… 小さじ2½

作り方
1 米は洗って炊飯器の内釜に入れ、水700㎖を注ぎ、塩を入れて混ぜ、普通に炊く。
2 炊き上がる約15分前に、ふたを開けて、混ぜ合わせた**A**から500㎖を注ぎ、さらに炊く。
3 炊き上がったら、残りの**A**の半量（50㎖）を注ぎ、よく混ぜる。
4 器に平らに盛り、表面を軽くたたいて固める。残りの**A**（50㎖）をかけながらスケッパーなどで表面をなでつけて形を整え、ひし形に切り分ける。

◎成形したり切り分けるのには、ラップを巻いたへらやナイフも扱いやすい。

米が水分を吸いきった状態のときに、水でのばしたココナッツミルクを加えて、炊き上げる。状態を確かめるためにふたは何度開けてもかまわない。

ひし形にカットしたキリバトの上に辛いルヌ・ミリスをのせていただく。

ルヌ・ミリス　玉ねぎと唐辛子の激辛ペースト

ルヌは塩。ミリスは唐辛子。辛くパンチのきいたペーストです。キリバトの上に塗って味のアクセントに。現地ではとびきり辛いものが好まれますが、ここでは赤い色は半分パプリカを使いました。

材料（作りやすい分量）
A ┌ 玉ねぎ …… ½個（約100ｇ）
　│ 赤唐辛子（粗く刻む）…… 小さじ1½
　│ モルディブフィッシュ（または鰹節の厚削りを刻んだもの）…… 大さじ1½
　│ パプリカパウダー …… 小さじ½
　└ 塩 …… 小さじ2
レモン汁 …… 大さじ2

作り方
1 玉ねぎは横に2等分し、縦に2〜3mm幅に切る。**A**を合わせてミルやすり鉢ですりつぶし、ペースト状にする。
2 レモン汁を加えて混ぜる。

スリランカ式スパイシーピラフ

シンハラ語でドゥンテル・バットゥという料理。ドゥンテルはギーのこと。ギーはバターから水分とたんぱく質を除いた油脂で、インドやスリランカには古代からあり主に牛乳から作られます。バットゥはライス。バターのような風味のご飯のバリエーションです。

材料（4人分）
- 米（インディカ米）……2カップ
- 塩……小さじ1/2
- 玉ねぎ……大1個（約250g）
- スパイスペースト
  - しょうが（すりおろす）……1かけ
  - にんにく（すりおろす）……1/2片
  - シナモンスティック（細かくほぐす）……2つまみ
  - カレーリーフ*（ちぎる）……5枚
  - カルダモン（割ってさやも種も細かくほぐす）……1個
- A
  - カレーリーフ*……1つかみ
  - ランペ*（5mm幅）……2つまみ
- マーガリン（またはギー、バター）……40g

＊カレーリーフとランペは入手がむずかしければ入れなくても可。

作り方

1　スパイスペーストの材料を合わせ、ミルやすり鉢でペースト状にする（または材料を混ぜ合わせる）。

2　米は洗って炊飯器の内釜に入れ、水3カップ（米の1.5倍）を注ぎ、塩を入れて混ぜる。

3　玉ねぎは横に2等分し、縦に2〜3mm幅に切る。フライパンにマーガリンを熱し、Aと1を約1分炒め、玉ねぎを加えて約5分炒める。

4　3を2に加え、炊飯器で炊く。

◎日本米の場合の水分量は、通常の炊飯と同じ1.1倍を目安に。炒めた材料の熱で炊飯器の内釜が熱くなっていると、「保温」で炊いた状態になることがあるので、いったん内釜を水につけるなどして冷やしてから再度セットすると失敗がない。鍋で炊いてもよい。

フライドライス
スリランカ式炒めご飯

チャーハンのようなフライドライスは最近の流行で、中華料理や、デビルと呼ばれるケチャップ味の新しい料理と一緒に食べることが多いようです。このライスは、肉のカレーもしくはドライなスタイルの料理と一緒に楽しむのがおいしいです。写真は日本人好みにさっぱりとしたオニオン・サンボーラ(p52)を添えました。

材料（2人分）
- ご飯（温かいもの）……茶碗2杯分
- バター……大さじ1
- 卵……2個
- キャベツ……1/8個
- にんじん……1/3本
- 長ねぎ（青い部分）……2本分
- カシューナッツ……1/4カップ
- A
  - モルディブフィッシュ（または鰹節の厚削りを刻んだもの）……小さじ1
  - 黒こしょう（パウダー）……少々
  - 赤唐辛子（パウダー）……少々
  - 塩……小さじ1
- サラダ油……大さじ1

作り方
1. キャベツは細切り、にんじんはせん切りにする。長ねぎは1cm幅に切る。カシューナッツは粗く刻む。
2. ご飯にバターをまぶす。
3. 中華鍋にサラダ油を熱し、カシューナッツを炒め、いったん取り出す。
4. 同じ鍋でキャベツとにんじんを炒め、しんなりしたらねぎを加えてひと混ぜし、溶いた卵を加えて炒める。
5. 2を加えて混ぜ、Aで調味し、3を加えて炒め合わせる。好みで隠し味にしょうゆ少々を加えてもよい。オニオン・サンボーラ(p52参照)を添える。

◎肉のカレーのほか、アラ・バドゥマ(p17)、空心菜のテルダーラ(p39)、パイナップル・チャトニ(p53)などが合う。

湯取り法で炊いたご飯

熱帯の国でポピュラーな米の炊き方は、湯取りと呼ばれるボイル式で、パスタをゆでるときのようにたっぷり沸かした湯で米をゆでます。でんぷん質が流れてポロポロに炊けるのでカレーなどと相性バツグン。日本米でもいいですが、手に入ればインディカ米やジャスミンライスなどの長粒種が香りもよくおいしいものです。

材料（作りやすい分量）
- 米……3カップ

作り方
1. 米は軽く洗い、15分浸水させ、ざるに上げる。
2. 大きめの鍋にたっぷりの湯を沸かし、米を入れる。芯がなくなるまで約10分ふたをせずそのままゆで、炊き上がったらざるにあけて急いで水をきる。
3. 2を鍋にもどし、ふたをして蒸らす。

◎インディカ米（長粒米）の場合は2カップで約4人分。ゆでる時間は6～8分が目安。

手前左から時計回りに、香菜、フェンネルの葉、ほうれん草、ゴトゥコラ、カレーリーフ。フェンネルの葉を混ぜるとより風味がよくなる。

コラ・キャンダ ココナッツ入り青汁粥

スリランカ伝統食のなかでもひときわアーユルヴェーダの流れをくむ朝食メニュー。さまざまな薬効のある青菜やハーブからしっかりと青汁を取り、お粥にします。苦味が強いですがココナッツを混ぜると飲みやすくなり、ヤシから作る粗製糖（ジャガリ）を添えて、飲んではかじり、飲んではかじりしているとおいしくて止まりません。日本の黒糖も合うと思います。スリランカでは気軽にグラスに注いで飲む、ポピュラーな朝食です。

材料（4〜5人分）
ご飯 …… 茶碗1杯分
生ハーブ〈ゴトゥコラ（p7参照）、香菜、カレーリーフ（p7参照）、ほうれん草、フェンネルの葉、イタリアンパセリ、パセリ、みつば、ウコギ、ユキノシタなどから、2〜3種類を合わせる〉…… どんぶり1杯分（約60g）
にんにく …… 1/2片
しょうが（薄切り）…… 1かけ
A ┌ ココナッツミルク（缶）…… 50ml
　│　（またはパウダー大さじ2を湯大さじ3で溶く）
　│ 水 …… 150ml
　└ 塩 …… 適量
ジャガリ（p6参照。または黒糖）…… 適量

作り方
1 ハーブはざっくり刻み、混ぜ合わせた**A**と合わせてミキサーにかけ、茶漉しで漉す。ミキサーが回りにくければ水を少し足す。漉した汁はとっておく（一番しぼり）。
2 しぼりかすを再度ミキサーに入れ、水150ml、にんにく、しょうがを入れてミキサーにかけ、茶漉しで漉し、二番しぼりをとる。
3 しぼりかすをもう一度ミキサーに入れ、水150mlを足してミキサーにかけ、茶漉しで漉して、三番しぼりをとる。
4 ご飯と水2カップをミキサーにかけてやや粒が残るようなとろりとした状態にし、鍋に入れて、さらに水2カップを足す。
5 **4**に**2**（二番しぼり）と**3**（三番しぼり）を加えて火にかけ、煮立ったら弱火で約5分煮る。
6 **1**（一番しぼり）を加え、塩（分量外）で味を調え、ひと煮立ちさせる。器に盛り、キトゥル・ジャガリを添えて、かじりながらいただく。

ディヤ・バト
ココナッツミルク味の冷たい汁ご飯

スリランカ南部の朝食メニューで、これもアーユルヴェーダの国ならではの料理。炊いたライスを一晩水につけ常温で微発酵しかけたものに、ココナッツミルクや薬味を合わせた冷たいお茶漬けのような料理です。体内の炎症を鎮めるといわれ、病気のときの養生食にもなります。ご飯を炊いたあと、鍋にこびりついたご飯をきれいに食べるための生活の知恵料理という側面もあります。

ご飯はゴラカを入れて水に浸し、ココナッツミルクは水でのばしてハーブ類を入れ、どちらも2時間おく。

材料（4人分）
- ご飯……茶碗1杯分
- ゴラカ（または黒酢小さじ2/3）……1片
- A
  - ココナッツミルク（缶）……150ml
  - （またはパウダー大さじ6を湯120mlで溶く）
  - にんにく（薄切り）……2枚
  - カレーリーフ*（せん切り）……6枚
  - ランペ*（せん切り）……2cm
  - 水……650ml
- 塩……小さじ1強
- 紫玉ねぎ……小1/4個（約30g）
- レモン（くし形切り）……4切れ

＊カレーリーフとランペは入手がむずかしければ入れなくても可。

作り方
1 ボウルにご飯を入れ、ひたひたの水を注ぎ、ゴラカを入れて常温で約2時間おく。
2 別のボウルに**A**を混ぜ合わせ冷蔵庫で約2時間おく。
3 2からにんにくを取り出し、塩で調味する。
4 1の水をきり、ゴラカを取り出してみじん切りにし、ご飯に混ぜる。
5 3に4を入れて混ぜる。みじん切りにした紫玉ねぎを入れ、レモンをしぼっていただく。

5 カレーに合うご飯とパン

ねぎ入りロティ

ロティ

ロティ スリランカ式米粉パン

インドでローティーといえばパンの総称。スリランカではこのパンをロティと呼び、米どころらしく米粉で作ります。クラッカンという雑穀系の粉を混ぜると香ばしくなりますが、全粒粉を使って手軽に。のびにくい生地なので、油を塗ったラップにはさんでのばすと失敗なくきれいにのばすことができます。このパンは朝か夜に食べ、なぜかランチには出さないとのこと。ねぎを練り込んだタイプも風味がよく人気。ルヌ・ミリスを添えて各種カレーと一緒にどうぞ。

材料（4人分）

A ┌ ココナッツファイン……30g
  │ ココナッツミルク（缶）……大さじ1
  └ （またはパウダー小さじ2を湯大さじ2で溶く）

B ┌ 上新粉……70g
  │ 全粒粉……70g
  └ 塩……小さじ½

C ┌ ココナッツミルク（缶）……20ml
  │ （またはパウダー小さじ2を湯大さじ1で溶く）
  └ 水……80ml

サラダ油……適量

ねぎ入りロティ

ロティ（右記参照）の作り方2で、万能ねぎ2本の小口切りを加えて、同様に作る。

世界遺産とバワの建築

スリランカにはユネスコによる世界文化遺産が6か所あります。聖地アヌラーダプラ、古代都市ポロンナルワ、古代都市シーギリヤ、ダンブッラの黄金寺院、聖地キャンディ、ゴール旧市街とその要塞群です。歴史と文明があり宗教があり、そして遺された素晴らしい遺産です。しかしそれだけではありません。建築界の人々が一生に一度は訪れたいと焦がれる天才建築家ジェフリー・バワの作品も多数遺されています。多くは自然の魅力を最大限に引き出したリゾートホテルとして宿泊することができ、スリランカの大きな魅力となっています。緑に埋もれた最高傑作ヘリタンス・カンダラマ（写真）は圧巻。

作り方

1 Aは手でよくもみながら混ぜて、10分おく。

2 1とB、混ぜ合わせたCをボウルに入れ、サラダ油を薄くつけた手で2～3分練る。

3 2をひとつにまとめ、ラップに包んで室温で30分休ませる。

4 3の生地を4等分する。サラダ油を塗ったラップに1つずつはさみ、直径12cmに手で丸くのばす。

5 4をラップごと持ち上げて、サラダ油少々を熱したフライパンに移し、軽く焼き目がつくまで弱火でゆっくり焼く。

ゴーダンバ・ロティ
薄焼き折り込みパン

生地をよくこねてよく寝かせ、小麦のグルテンをしっかり出してから薄く薄くのばして層になるように作る、インド由来のパンです。両手で引っ張りながら投げるようにしてのばしているところをあちこちの食堂で見かけます。調理台に置いて引っ張るようにのばしても十分きれいにできるのでぜひ挑戦してください。薄くのびた生地がちょうど湯葉のような見かけになれば大成功。スパイシーで濃厚な肉のカレーと一緒にディナーに。小腹がすいたときのティータイムの軽食にもおすすめ。

材料（8枚分）

A
- 強力粉 …… 500 g
- 砂糖 …… 大さじ 2 ½
- 塩 …… 小さじ 1 ½

ココナッツオイル（またはサラダ油）…… 大さじ 2

B
- 卵 …… 1 個
- 水 …… 220㎖

C　ココナッツオイル＋サラダ油 …… 各適量

ビッタラ・ロティ
卵入りゴーダンバ・ロティ

ゴーダンバ・ロティに、卵を落として折りたたんだバージョンです。

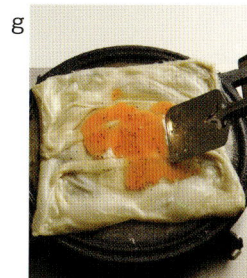

作り方
生地を練る

1 ボウルに**A**を混ぜ合わせ、ココナッツオイル、よく混ぜた**B**を加えて練り、ひとつにまとめる。トレイなどの受け皿に高い位置から生地を50回たたきつける（写真a）。手にココナッツオイル（分量外）を塗って生地を扱うとよい。

2 少し練ったら、再び手のひらにココナッツオイルを塗り、さらに50回たたきつける。

3 生地にぴったりとラップをかけて3時間おく。

4 **C**のオイルを混ぜて手に塗り、生地を8等分する。それぞれの表面に**C**のオイルを塗り、ラップをかけてさらに3時間おく。

生地を成形する

5 **4**の生地を手で薄くのばし（b）、のばせるところまでのばしてから（c）、調理台などに油をぬり、四方を引っ張ってさらにのばし（d）、直径40cmに丸くのばす。

6 生地に**C**のオイルを塗り、上下左右を正方形になるように折り込む（e）。

7 フライパンにココナッツオイル適量（分量外）を熱し、**6**の折り込んだ面を下にして弱火で焼く（f）。

8 裏返して両面に軽く焼き色をつける。

作り方

左の作り方**7**で折り込んだ面を上にしてフライパンにのせ、弱火で焼き始めたらすぐに中央に卵1個を割り落とし、塩、こしょう各少々をふり、軽く卵をくずす（g）。さらに生地を三つ折りにして（h）、じっくり焼いて中まで火を通す。2～3cm幅に切って、器に盛る。

ニゴンボの市場で。生地を薄くのばしながら焼いていく。

コットゥ・ロティ
ゴーダンバ・ロティのチャーハン風

ゴーダンバ・ロティ（p68）を刻んで具とともに炒めた、ボリュームたっぷりの料理です。卵も入るので見た目はチャーハンそっくり。街のあちこちの食堂で大きな鉄板の上でスケッパーのような道具をカンカン鳴らしながら軽快に刻みつつ炒めていく光景が見られます。ゴーダンバ・ロティがないときは、日本のきしめんが近い食感なので代用にいいと思います。

両手にスケッパーのような道具を持って、刻みながら炒める。

材料（2人分）
ゴーダンバ・ロティ（p68参照）…… 2枚
ツナ（缶詰）…… 150g
卵 …… 2個
玉ねぎ …… ½個（約120g）
にんじん …… 6cm
キャベツ …… 150g
長ねぎ（青い部分も使う）…… 1本
にんにく（薄切り）…… ½片
トゥナパハ（p8参照）…… 小さじ1½
赤唐辛子（パウダー）…… 小さじ½
モルディブフィッシュ（または鰹節の厚削りを刻んだもの）…… 小さじ2
塩 …… 適量
サラダ油 …… 大さじ1½

作り方

1 ゴーダンバ・ロティは包丁で細かく刻む。

2 ツナは油をきる。玉ねぎは横に2等分し、縦に2〜3mm幅に切る。にんじんはせん切り、キャベツは細切り、長ねぎは縦半分に切ってから5mm幅に切る。

3 中華鍋にツナとトゥナパハを入れて軽く炒め合わせ、いったん取り出す。

4 3の鍋にサラダ油を熱し、にんにくを炒め、香りが出てきたら、玉ねぎ、にんじん、キャベツ、長ねぎの順に炒める。

5 1と3を加えて炒め合わせ、赤唐辛子と塩で調味し、モルディブフィッシュを加えて混ぜる。

6 鍋の片側に材料を寄せ、空いたところに溶いた卵を流し入れる。手早く混ぜて半熟状になったら、全体を混ぜ合わせて火を通す。

○ツナの代わりに、チキン、ポーク、ビーフ、魚のカレーの具を取り出してほぐしたものを使ってもよい。その場合はトゥナパハの量を少なめに。残ったホディ（カレーの汁）は上からかけて食べてもよい。肉や魚を入れずに、卵と野菜だけでもよい。

6

あとひくおいしさ、
スナック＆スイーツ

スリランカでは、日本のコロッケのような軽くつまめるスナック類が街のあちこちで売られています。それをほお張りながら街を歩くのも楽しみの一つ。また、ココナッツやカルダモンの香りがただようスイーツは、スパイシーな中にも、どこか懐かしさを覚える素朴なおいしさ。紅茶と一緒に味わいたい、スリランカの代表的なスナックと、家庭でも手軽に作れるスイーツを紹介します。

カトゥレット
スリランカ式ミニコロッケ

丸く揚げたカトゥレットは誰もが大好き。スリランカの代表的なスナックです。結婚式から法要まで、とにかく人が集まる席では何百個も揚げて用意する光景が見られます。しっかり味がついていますが、ケチャップなどを添えるのもいいでしょう。現地で使われるパン粉は細かく香ばしいタイプ。市販のクラッカーを粉砕して代用してみたらそっくりになりました。乾パンを使ってもいいでしょう。

材料（8個分）

具
- ツナ（缶詰）……40g
- じゃがいも……2個（約250g）
- 玉ねぎ……小¼個（約30g）
- 青唐辛子……½本
- にんにく（みじん切り）……⅓片
- ココナッツビネガー（または白ワインビネガー）
    ……小さじ1

A
- 黒こしょう（パウダー）……小さじ½
- 赤唐辛子（パウダー）……小さじ¼
- 塩……小さじ½強

B
- ランペ*（5mm幅）……2つまみ
- 赤唐辛子（パウダー）……小さじ¼

ころも
- クラッカー（市販）……約20枚
- 小麦粉……10g
- 溶き卵……大さじ1
- 塩……1つまみ
- 水……80ml

- ココナッツオイル（またはサラダ油）……小さじ1
- サラダ油……大さじ2
- 揚げ油……適量

＊ランペは入手がむずかしければ入れなくても可。

作り方

1 具を作る。じゃがいもは皮ごとゆで、皮をむいてつぶし、ココナッツビネガーをふりかけて（写真a）、よく混ぜたAをまぶす。

2 玉ねぎはみじん切り、青唐辛子は薄い小口切りにする。鍋にココナッツオイルとサラダ油を合わせて熱し、玉ねぎ、にんにく、青唐辛子を入れて炒める。玉ねぎが色づいてきたら、油をきったツナを加えてひと混ぜし、Bと1を加え（b）、弱火で水分をとばしながら1～2分炒める。取り出して冷ます。

3 ころもの用意をする。クラッカーは、フードプロセッサー（またはミキサー）で細かくする（c）。

4 小麦粉、溶き卵、塩、水を混ぜ合わせて卵液を作る。

5 2を8等分して丸め、4、3の順にころもをつける（d）。

6 揚げ油を180℃に熱し、5を入れて表面をカリッと揚げる。

◎具はツナだけでなく、チキンや魚のカレーの具を細かく刻んだもので応用してもよい。

ロールス
スリランカ式スパイシーコロッケ

カトゥレットと具は同じですが、ピリリとこしょうのきいたビスケット生地で包み、ころもをつけて揚げるのがロールス。どちらも小腹が空いたときのスナックで、簡単な食事にもなるメニューです。

材料（6本分）
カトゥレットの具（p72参照）…… 全量
生地
- 薄力粉 …… 150 g
- マーガリン …… 50 g
- ターメリック …… 小さじ½
- 黒こしょう（パウダー）…… 小さじ½
- 塩 …… 小さじ⅔
- 水 …… 50〜60㎖

ころも（p72参照）…… 全量
揚げ油 …… 適量

作り方
1　カトゥレットを参照して具を作り、6等分して、長さ8㎝くらいに細長く形作る。
2　ボウルに生地の材料を入れ、ビスケット生地くらいの固さになるまで練る（水は一度に加えず、生地の状態を見ながら2〜3回に分けて加えるとよい）。ラップをして約15分休ませる。
3　カトゥレットの作り方4を参照して卵液を作る。
4　2を2等分して、12×36㎝の長方形にのばす。1本を3等分し、12㎝角を計6枚とる（写真a）。
5　生地に1を1つのせて、3を周囲に塗り、両サイドを巻き込みながら円筒形に包む（b）。
6　カトゥレットと同様にころもをつけて、揚げる。

パンケーキ
ココナッツ入りパンケーキ

西洋風な名前ですがココナッツが入り、いかにもスリランカ的なスイーツです。甘くジューシーな具と、薄い塩味のパンケーキが抜群の相性。焼くときのコツは、巻いたときに割れないように、裏返したらあまり長く焼かないこと。そして熱いうちに巻いて食べるのが最高です。とびきりおいしい紅茶をいれましょう。

材料（8本分）
フィリング
- キトゥル・パニ（p6参照。または黒みつ）
  …… 30g
- 砂糖 …… 50g
- 塩 …… 小さじ1/3
- カルダモン（割ってさやも種も細かくほぐす）
  …… 3個
- ココナッツファイン …… 1 1/2カップ
- ココナッツミルク（缶）…… 大さじ1
  （またはパウダー小さじ2を湯大さじ2で溶く）

生地
- 小麦粉 …… 300g
- 塩 …… 少々
- ターメリック …… 小さじ1/2
- 卵 …… 1個
- 砂糖 …… 小さじ2
- ココナッツミルク（缶）…… 130ml（またはパウダー大さじ5を湯100mlで溶く）
- ベーキングパウダー …… 小さじ1 1/2

ココナッツオイル …… 適量

作り方
フィリングを作る

1 フライパンにキトゥル・パニと砂糖30g、塩を入れて火にかけ、溶けてきたら軽く混ぜ、カルダモンをさやごと入れる。

2 砂糖が半分溶けたところに水70mlを加え、残りの砂糖（20g）を加えて溶かす。煮立って泡が出てきたら、混ぜながら1分煮る。

3 ココナッツファインとココナッツミルクを加え、しっとりしてややポロポロした感じになるまで混ぜながら火を通す。

生地を作る

4 ココナッツミルクと水150mlを混ぜ合わせる。

5 ボウルに小麦粉、塩、ターメリック、溶いた卵、砂糖を入れてゴムべらで混ぜ、**4**を数回に分けて加えながら、ゴムべらを持ち上げると生地がスルスル落ちるくらいの濃度に混ぜる（ココナッツミルクは一度に全量を入れず、生地の感じを見ながら足していく）。ラップをかけて室温で30分おく。

6 **5**にベーキングパウダーを加えて均一に混ぜる（すぐに焼き始める）。

7 フライパンにココナッツオイルを熱し、**6**を直径17cmくらいにのばし、弱火で焼く。薄く色づいたら裏に返し、15〜20秒焼く（焼きすぎると巻くときに生地が割れるので注意する）。

8 まな板などに焼き色が薄いほうを下にして置き、フィリングを大さじ2ずつのせて、細くきっちり巻く。巻き終わりを下にして置き、温かいうちに食べる。

ココナッツがベースのしっとりとしたフィリングを作る。

Bを入れるときは、いったん火を止めるか、混ぜ続けながら他の人に入れてもらうとうまくできる。

水をつけながら、押すように切るのがコツ。温まるとだれてくるので、ワックスペーパーに包んだらすぐに冷やす。

トフィー

ヨーロッパからやってきたあめトフィーを、ここではキャラメルそのもののような懐かしい味に作りました。煮る時間によって固まりすぎると切り分けるのが難しくなるので、手早く作業してください。煮る時間を10分程度にするとやわらかめの仕上がりで扱いやすいですが、溶けやすいソフトタイプになります。その場合の保存は夏は冷蔵庫で。甘～い甘～い、昔のキャラメルです。

材料（作りやすい分量）
A ┌ 砂糖 …… 60g
　└ 水 …… 30mℓ
B ┌ コンデンスミルク …… 大1缶（397g）
　│ 砂糖 …… 500g
　└ カルダモン（さやを割り種だけ砕く）…… 3個

下準備
・バットに油（分量外）を塗る。Bは混ぜ合わせる。

作り方

1 フッ素樹脂加工のフライパンにAを入れて強火にかけ、砂糖を溶かしながら混ぜる。

2 泡立ってきてカラメル状に焦げ始めたところに急いでBを入れる。弱火にして休まず混ぜ続けながら約10分煮詰める。このとき少々粒状になっても、5分を過ぎる頃にはきれいに溶けるので、焦がさないように混ぜ続けるのがコツ。

3 準備したバットに2を流し入れ、バットごと冷水につけて15分冷やし固める。

4 へらやナイフに水をつけながら押すようにして2.5cm角に切り分ける。1切れずつワックスペーパーで包み、冷蔵庫で冷やす。

◎煮詰める時間を15分以上にするとかなり固くなる。固く作ってもおいしいが、そのときは冷やす時間を短くし、早めに切り分けるようにする。

ヴァタラッパン ココナッツとヤシみつのプリン

西洋からきたプディングのレシピが植民地時代にココナッツとヤシみつに出合って南国風になりました。ミルクやカラメルの味を引き立てるのはナツメグ。香りの引き出し方にご注目ください。このレシピには日本の黒糖もとてもよく合います。大きな耐熱容器で作るのも豪華です。

ナツメグパウダーを熱湯で溶いて加える。

材料（プリン型8個分）
卵 …… 4個

A
- レーズン …… 大さじ1
- カシューナッツ …… 7〜8個
- カルダモン（さやを割り種だけ砕く）…… 2個
- 塩 …… 少々

ナツメグパウダー …… 小さじ1/4
ジャガリ（p6参照。細かく刻む。または黒糖）
　…… 1 1/3カップ
ココナッツミルク（缶）…… 1/2カップ
　（またはパウダー大さじ4を湯90mlで溶く）
砂糖 …… 小さじ2

作り方

1 ナツメグパウダーに熱湯大さじ2を加えて混ぜ、ふたをして香りを立たせる。5分たったら水大さじ3を加えて混ぜる。

2 鍋にジャガリと**1**を入れ、ココナッツミルク、水120mlを加えて火にかけ、ジャガリを溶かして、火を止める。

3 レーズンとカシューナッツは刻む。卵は泡立つくらいよく溶きほぐし、**A**を加えてよく混ぜる。

4 鍋に砂糖を入れて火にかけ、焦がす。水25mlを加え（はねるので注意する）、均一に混ぜる。

5 3に**2**と**4**を加えてよく混ぜる。

6 型に**5**を等分に入れ、ラップをかけて蒸気の上がった蒸し器に入れ、弱火で45〜60分蒸す。竹串を刺して、プリン液がついてこなければでき上がり。

◎下の写真のカップ1つでプリン型約2個分。器により蒸し時間を調整する。

ミーキリ

フルーツサラダ

フルーツサラダ

辛いスリランカ料理を食べた後でほっとくつろぐ、みんなが大好きなデザート。小さめにカットしたフルーツにさらに砂糖をまぶして、スプーンですくって食べるように出します。家庭でのパーティーや法要の席で好んで出されるスイーツですが、食後のサラダということで名前は昔からサラダ。お腹の調子を整えるパパイヤは必ず入れてください。果糖は舌から辛味を取り去るので、その点でもピッタリのデザートです。たっぷり砂糖を入れるのがスリランカ流。最近はコンデンスミルクをかけることも。

材料（4人分）
フルーツ（バナナ、りんご、ぶどう、パパイヤ、いちご、キウイ、
　マンゴー、パイナップルなどから3〜5種類）
　　……約3カップ分
レモン汁……大さじ1
砂糖……適量
塩……少々

作り方
フルーツは細かい角切りにし、レモン汁、砂糖、塩で調味する。

ミーキリ
ヨーグルトのヤシみつがけ

水牛のミルクで作ったスリランカのヨーグルトがミーキリ。濃厚な独特の味が好まれています。これにキトゥルヤシのみつ、キトゥル・パニをかけると、簡単にできて最高においしいデザートになります。現地では素焼きの壺の気化熱を利用して冷やし固め、その壺ごと売られています。牛のフレッシュなミルクがあまり流通してこなかったスリランカならではのヨーグルトといえます。日本ではプレーンヨーグルトを水きりしてクリームチーズのような濃さにして代用してみました。

材料（4人分）
プレーンヨーグルト……500g
キトゥル・パニ（p6参照。または黒みつ）……適量

作り方
1 ヨーグルトは不織布タイプのキッチンペーパーを敷いたざるにあけ、2〜3時間おいて水をきる（暑い季節は冷蔵庫に入れる）。
2 1を器に盛り、キトゥル・パニをかける。

スリランカの水牛のミルクで作ったヨーグルトの濃度に近づけるために、プレーンヨーグルトの水分をきって用いる。3時間以上おくと固くなりすぎるので注意する。

紅茶の話

❋ セイロンティーとの出合い

お茶の木の栽培は、朝晩の冷え込みが寒暖差となって霧が出るような土地が向いています。静岡県を旅したときに、井川へ向かう苔むす山道で、昼もうっすらと霧がかかった茶畑を見ながら、私はスリランカのヌワラ・エリヤを思い出していました。

紅茶に憧れてスリランカまでやってきた22歳の私。いよいよ夢にまで見たヌワラ・エリヤ。車がくねくねと山道を登っていくにつれ、ココヤシの木がなくなり、風景が変わってきます。半袖を着て冷房を入れていましたが、冷房を止めて上着を羽織り、やがて霧も出てきます。

景色は一面の茶畑となり、山の斜面では新緑のグリーンに映える鮮やかな色彩のサリーを着た女性たちが、物語の挿し絵のように山のお茶を摘んでいたのでした。私にとってその光景はほんとうにおとぎの国でした。右も左も、どこまでも新緑の茶の畝、そしてたまに現れるティーファクトリー。かつてこの土地を発見した英国人はどんなにうれしかったことでしょう。

山を登りきると、ゴルフ場や英国式ガーデンや建築が現れます。熱帯の島の中央にこんな不思議な場所があるとはまったく驚きです。

避暑地として栄えたヌワラ・エリヤは、標高が1200メートルを超え、スリランカの数ある紅茶産出地のなかでももっとも標高の高い地域。ハイ・グロウン・ティー（高地産茶）を産出するエリアです。紅茶のシャンパンと呼ばれるこのお茶を、なんと暖炉の火が燃えるダイニングルームで飲むことができる場所なのです。この辺りではイングリッシュ・ハイティー（アフタヌーンティー）スタイルでサンドイッチやケーキと一緒にお茶を楽しむこともできるようです。

❋ 標高による風味のちがい

セイロンティーは、高度によって風味がちがいます。標高1200メートル以上の地域で産出されるお茶がハイ・グロウン・ティー。このお茶はヌワラ・エリヤだけではなく、ウバやディンブラなどの茶葉を含みます。

さらに標高が下がり、600～1200メートルまではミディアム・グロウン・ティー（中地産茶）を産出するエリア。古都キャンディがその代表です。オールマイティーなお茶と言われますが、渋味のなかにかすかに残るカラメルの味。これがまた魅力で、私がよく選ぶお茶でもあります。

標高600メートル以下の地域のお茶はロー・グロウン・ティー（低地産茶）と呼ばれます。南部のルノナやサバラガムワで主に産出され、濃い味が特徴。ミルクとのコンビネーションが最高です。ルフナのお茶を煮出したチャーエ（インド式ミルクティー）もなかなか。

❋ やすらぎのひととき

スリランカできちんとした紅茶を頼むと、ティーポットとカップ、ミルクやお砂糖のほか、熱湯

キャンディ近郊のカフェで。植民地時代の名残を感じさせる素朴なケーキと、ミルクティーのティータイム。（e）

が一緒に出てくるのも紅茶好きにはうれしい習慣です。これは、紅茶をとても濃くいれてあるので、薄めたい場合に使うための熱湯なのです。もっとも、私はいつも使わないのですが！

　スリランカの家庭で紅茶（テー）をお願いすると、通常出てくるのはお砂糖のたっぷり入った濃い紅茶。暑い季節でもその味は心地よく、私は大好きです。たまにミルクティーが飲みたいなと思ってキリ・テー（ミルクティー）を頼むと、全脂粉乳を溶かした甘いミルクティーが出てきます。どういうわけかこの粉乳の味がスリランカの思い出と重なり、時折たまらなく飲みたくなります。

　英国人が広めた紅茶を飲むという習慣は、植民地時代を終えてもしっかり根づいており、紅茶は重要な産業にもなりました。お茶を飲むこと。それはおそらくどの人にも同じく「自分にもどり、安らぐひとときをもつ」ということそのものなのでしょう。そしてお茶は、その土地の優しさや美しさをも、お湯に溶かして運んでくれていると、そんなふうに感じます。

上・下／ヌワラ・エリヤの茶畑で。カラフルな民族衣装で茶摘みをする女性たち。スリランカのキャンディ、ヌワラ・エリヤ、ウバ、ディンブラ、ルフナは、紅茶の産地として有名。中でもヌワラ・エリヤはもっとも標高が高いエリアにある。

紅茶の話　79

香取 薫 (かとり かおる)

1962年、東京に生まれる。インド・スリランカ料理研究家。キッチンスタジオ ペイズリー主宰。1985年、ボランティアで訪れたインドでスパイス料理に魅せられ、本格的に研究を始める。ポリシーは、日本の気候や日本人の味覚に合う健康的なスパイス使い。スパイスの普及と、インドおよびスリランカの文化や料理の紹介に精力的に取り組んでいる。
著書に、『インドごはん』(出帆新社)、『うまい、カレー。』(ナツメ社)、『5つのスパイスだけで作れる！ はじめてのインド家庭料理』(講談社)、『チャラカの食卓 二千年前のインド料理』(出帆新社、伊藤武との共著)、『ストックペーストカレー』『家庭で作る本格インド料理』(ともにマーブルトロン)、『アーユルヴェーダ・カフェ』(地球丸、上馬塲和夫との共著) など。
http://www.curry-spice.jp/

撮影◎澤木央子
デザイン◎石井眞知子(株式会社グラフマーケット)
スタイリング◎中安章子
調理アシスタント◎太田良子　古積由美子　田口竜基
取材・構成◎内田加寿子

写真協力◎新井由己 (a、b、c、d)
　　　　　キッチンスタジオ ペイズリー (e)
協力◎Mr. Sameera Gunawardena and his family,
　　　Mr. R.M.Muthubanda,
　　　Mrs. Chandrika Thilakarathna,
　　　Mrs. Leela Senanayake,
　　　Mr.&Mrs. Dhammika Jayanandana,
　　　Mr. Kapila Bandara,
　　　Mr. Susantha Surasena,
　　　Mrs. Rie Ito,
　　　Mrs. Chieko Jayamaha,
　　　Mr.W.S.A.Mariyan Fernando and his family,
　　　Mr.P.G.Lakmai Priyankara and his family

参考文献◎丹野冨雄『南の島のカレーライス・オリジナル版』(かしゃぐら通信)

家庭で作れる
スリランカのカレーとスパイス料理

2012年6月20日　初版印刷
2012年6月30日　初版発行

著　者◎香取薫
発行者◎小野寺優
発行所◎株式会社 河出書房新社
　　　　〒151-0051
　　　　東京都渋谷区千駄ヶ谷 2-32-2
　　　　電話　03-3404-1201(営業)
　　　　　　　03-3404-8611(編集)
　　　　http://www.kawade.co.jp/
印刷所◎三松堂株式会社
製本所◎三松堂株式会社

落丁・乱丁本はお取り替えいたします。
本書のコピー、スキャン、デジタル化等の無断複製は著作権法上での例外を除き禁じられています。本書を代行業者等の第三者に依頼してスキャンやデジタル化することは、いかなる場合も著作権法違反となります。
Printed in Japan
ISBN978-4-309-28320-3

スリランカの食材、ハーブ、スパイスを扱っている店

●カレースパイスネット
〈スパイス全般、ココナッツオイル、ゴラカ、タマリンド、カレーリーフ (ドライ)、ランペ (ドライ)、トゥナパハ〉
http://www.curry-spice.net/
東京都三鷹市井口 3-11-44　キッチンスタジオペイズリー (通販)

●大津屋商店
〈スパイス全般、ココナッツオイル、カレーリーフ (ドライ)、タマリンド〉
http://www.ohtsuya.com/
東京都台東区上野 4-6-13　TEL 03-3834-4077 (通販、店舗)

●アンビカショップ
〈スパイス全般、ココナッツオイル、ジャガリ、カレーリーフ (生は7月中旬〜11月のみ入荷)、タマリンド〉
http://www.ambikajapan.com/
東京都台東区蔵前 3-19-2　アンビカハウス
TEL 03-6908-8077 (通販、店舗)

●スパイスショップ　トゥナ・パハ
〈スパイス全般、キトゥル・パニ、カレーリーフ (ドライ)、ランペ (ドライ)、モルディブフィッシュ、ゴラカ、トゥナパハ〉
http://thuna-paha.com/
神奈川県川崎市高津区北見方 2-20-16　TEL 044-811-1438 (通販)

●スパイスマジックバザール
〈スパイス全般、ココナッツオイル、キトゥル・パニ、ジャガリ、カレーリーフ (生、ドライ)、タマリンド〉
東京都江戸川区清新町 1-3-6　ショッピングセンターパトリア 1F
TEL 03-5679-8682 (店舗)

●アジアスーパーストア
〈スパイス全般、ランペ (冷凍)、タマリンド〉
http://www.asia-superstore.com/jp/
東京都新宿区大久保 1-1-11　コントワール新宿ビル 212 号
TEL 03-3208-9199、9200 (通販・店舗)

●スリランカ料理店タップロボーン
〈トゥナパハ、カレーリーフ (ドライ)、ランペ (ドライ)、ゴラカ〉
http://taprobane.web.fc2.com/
東京都港区南青山 2-2-15　ウィン青山ビル 104
TEL 03-3405-1448

●KOBE HALAL FOOD
〈スパイス全般、ココナッツオイル、カレーリーフ (ドライ、冷凍)、ランペ (ドライ、冷凍)、タマリンド〉
http://www.kobehalalfood.com/
兵庫県神戸市中央区中山手通 2-17-3　西島ビル 1F
TEL 078-241-1286 (通販、店舗)

●INDIAN PROVISION STORE
〈スパイス全般、ココナッツオイル、ジャガリ、カレーリーフ (ドライ)、タマリンド〉
兵庫県神戸市中央区山本通 2-3-8　葉山ハイツ 305
TEL 078-221-0229 (店舗)

●石垣島アーユルヴェーダハーブ園　もだま工房
〈ゴトゥコラ (生)、ランペ (生)〉
http://tubokusa.com/
TEL&FAX 0980-88-7194
＊栽培が季節や天候により左右されるのでメールで問い合わせを (通販)

●島根県隠岐郡海士町　ゴトゥコラ部
〈ゴトゥコラ (生)〉
生産者　サミーラ・グナワラデナ　sam@oki-ama.org
＊天候により出荷できない場合もあるのでメールで問い合わせを (通販)